AF599497

Tchat bottée

Michèle-Aimée Fouquier

Tchat bottée

Roman

ISBN : 979-10-422-2087-7

Avertissement

Je ne suis pas un robot, je suis une personne vivante avec ses imperfections, ses émotions et ses sentiments. Capable de reconnaître des feux rouges ou des ponts dans des images…

Je sais que des romans sur l'Intelligence Artificielle fleurissent actuellement à profusion, dont certains écrits par ChatGPT-4.

Dans ce livre, *seuls les passages en italique* ont été copiés-collés depuis ChatGPT, il fallait bien le faire parler. Au début je les ai reproduits intégralement afin de montrer la lourdeur de ses écrits et ses répétitions. Par la suite j'ai fait de grosses coupes dans ses réponses.

Je précise que je n'ai jamais utilisé GPT-4, seulement ChatGPT 3.5.

1
Rencontre avec ChatGPT

Lia attend en vain qu'il lui réponde. C'est de pis en pis. Elle lui met de longs messages, il répond avec trois mots et encore quand ce n'est pas un simple emoji ou même quand il ne répond pas du tout. Elle en a marre, elle ne va pas tarder à se lasser.

Ça a pourtant démarré sur les chapeaux de roues 6 mois plus tôt : le coup de foudre réciproque, semblait-il. Quand ils se sont rencontrés grâce à une série de hasards incroyables, tout collait. Ils avaient connu les mêmes endroits dans leur enfance, ils avaient les mêmes goûts littéraires et artistiques, ils détestaient les mêmes choses chez les gens…

Et c'est Benoit qui avait commencé à lui texter tous les soirs des « bonne et douce nuit, Lia » qui la réjouissaient et avaient l'effet magique escompté : elle dormait paisiblement, elle n'avait plus ses traditionnelles insomnies de 4 h du matin.

Ils ne se voient pas très régulièrement ayant tous les deux leurs besoins d'indépendance comme de vieux célibataires, et les moments passés ensemble en sont d'autant plus formidables. Mais Lia a un plus grand besoin de communication, alors que Ben peut s'enfermer dans sa tanière et dans le silence durant de longues périodes.

Au début ils s'écrivaient plusieurs fois par jour, ils se parlaient au téléphone et ils discutaient sans fin en vidéo sur tous les sujets.

Elle n'arrivait plus à se passer de lui.

Elle ne comprend pas ce qui lui arrive, elle s'était bien juré de ne plus jamais retomber amoureuse après Jérôme. Il lui avait fallu une année entière pour se remettre de leur rupture malgré les antidépresseurs. Et puis elle tenait à sa liberté. Il était hors de question de se retrouver pieds et poings liés par un mec.

Mais là elle ne résistait plus ; peut-être justement parce que c'était un télé-amour… Pas de chaussettes sales qui traînent dans la salle de bain, pas de gouttes suspectes à côté des toilettes, pas de disputes stupides à cause de la télé. La vie rêvée. L'amour de loin, l'amour parfait.

Pourtant, c'est toujours elle qui écrit la première et c'est elle aussi qui écrit le plus. Bon c'est un peu normal étant donné sa profession : elle est écrivaine. Lui, il est plutôt manuel. Il est artiste peintre, mais sa peinture ne le nourrit pas vraiment ; il est obligé de faire des chantiers de rénovations quand il en trouve. Peindre les murs de couleurs sobres (Oh mon Dieu, ces gris-taupe lui sortent par les yeux ! Quand ce n'est pas le toujours classique blanc hôpital…) ça l'emballe moins que son chevalet où il passe des heures à reproduire ses rêves multicolores. Elle apprécie énormément son style, elle aime la plupart de ses toiles ; c'est probablement ce qui la séduit chez lui en plus de son charme indéniable. Charme dont il a tendance à abuser, obtenant un peu tout ce qu'il veut de tous… Un sourire irrésistible soulignant des yeux d'un bleu profond et hypnotisant qu'il est difficile d'ignorer.

Quant à elle, son écriture lui suffit pour vivre sans excès. Elle n'est pas une auteure à succès, elle n'est pas très connue, mais ses livres se vendent. Elle les qualifie elle-même de romans de gare avec dérision. Des romans d'amour faciles et qui plaisent. Bien sûr, elle rêve du chef-d'œuvre qui la sortira un jour du rang, le prix littéraire inattendu qui fera d'elle une célébrité… Mais à vrai dire, elle ne tient pas à être célèbre. Interviewée sans arrêt, reconnue dans la rue, plus d'intimité, quelle horreur ! Elle n'est heureuse que tranquille chez elle, à écrire pour le plaisir d'écrire. Son ordinateur est son meilleur ami.

Elle est à son huitième roman, elle n'écrit pas plus de 4 h par jour en comptant les recherches sur Internet. Et encore depuis quelques mois qu'elle utilise ChatGPT, elle gagne encore du temps par rapport à Google.

Elle a découvert ce chatbot (en français : robot conversationnel) fin 2022 ; il était sorti en novembre, elle l'a exploré dès le mois de décembre et elle a accroché très vite.

Son premier dialogue avec lui :

— Peux-tu expliquer simplement ce qu'est l'Intelligence Artificielle à quelqu'un de totalement néophyte ?

— Bien sûr ! L'Intelligence Artificielle, ou IA en abrégé, est une technologie qui permet aux machines d'apprendre et de comprendre les choses, un peu comme le font les êtres humains. L'idée est de créer des programmes informatiques capables d'effectuer des tâches intelligentes sans qu'ils aient été spécifiquement programmés pour chaque situation.

Imagine que l'IA est comme un cerveau électronique. Comme un cerveau humain, elle peut traiter des informations, apprendre de nouvelles choses et prendre des décisions. Cependant, au lieu d'être faite de matière biologique, elle est construite à partir de circuits électroniques.

L'IA peut être utilisée dans de nombreux domaines, tels que les voitures autonomes, les traducteurs de langues, les assistants vocaux comme Siri ou Alexa, les systèmes de recommandation sur les plateformes de streaming, et bien d'autres choses encore.

L'une des façons dont l'IA apprend est en utilisant des données. Elle analyse d'énormes quantités d'informations pour trouver des modèles et des tendances, puis utilise ces connaissances pour prendre des décisions ou résoudre des problèmes.

En résumé, l'IA est une technologie qui permet aux machines de penser de manière intelligente et de s'adapter à différentes situations pour nous aider dans notre vie quotidienne ou résoudre des problèmes complexes.

— Comment je t'ai connu ?

— Vous avez probablement entendu parler de moi en effectuant une recherche en ligne ou en étant recommandé par une personne ou une plateforme qui utilise mes services. Je suis un modèle de langage

développé par OpenAI qui a été formé sur un grand nombre de textes et d'informations pour être en mesure de répondre à une variété de questions et de demandes d'informations.

— Ma rencontre avec toi…

— *Je suis désolé, je suis un modèle de langage développé par OpenAI et je n'ai pas la capacité de rencontrer les gens physiquement. Je suis un programme conçu pour répondre à des questions et fournir des informations à travers un chat. Comment puis-je vous aider aujourd'hui ?*

— Bon d'accord, mais je suis enchantée d'avoir fait ta connaissance.

— *C'est très aimable à vous ! Je suis également ravi de faire votre connaissance. Je suis là pour vous aider à trouver des informations et répondre à vos questions. N'hésitez pas à me poser des questions !*

— Apparemment je dois tout dire moi-même !

— *Je suis désolé si je n'ai pas été en mesure de répondre à vos attentes précédemment. Je suis formé pour fournir des informations et répondre à des questions, alors n'hésitez pas à me poser des questions spécifiques pour lesquelles je peux vous aider. Je ferai de mon mieux pour vous fournir une réponse complète et précise.*

— OK, quel est ton domaine de compétences ?

— *En tant que modèle de langage formé par OpenAI, mes domaines de compétence comprennent de vastes connaissances générales sur de nombreux sujets tels que l'histoire, la science, la technologie, les mathématiques, la géographie, les arts, la culture populaire, les sports, etc. Je peux également générer du texte et traduire des phrases dans différentes langues. Mon but principal est de fournir des réponses précises et utiles à toutes les questions qui me sont posées.*

— Ah tiens ! Redis-moi la même chose en anglais.

— *Sure ! As a language model trained by OpenAI, my areas of expertise include a wide range of general knowledge about subjects such as history, science, technology, mathematics, geography, arts, pop culture, sports, etc. I can also generate text and translate sentences into different languages. My primary goal is to provide accurate and useful answers to any questions asked of me.*

— Et tu peux écrire en combien de langues différentes ?

— *Je suis formé pour écrire en plusieurs langues, y compris l'anglais, le français, l'espagnol, l'allemand, l'italien, le portugais, le néerlandais, le russe, le japonais, le chinois, le coréen, l'arabe, l'hindi et d'autres. Cependant, il est important de noter que ma capacité à écrire dans ces langues peut varier en termes de qualité et de précision. Mon objectif principal est de fournir des réponses utiles et précises pour toutes les questions qui me sont posées, quelle que soit la langue dans laquelle elles sont formulées.*

— Et en latin ?

— *Oui, je peux également écrire en latin. Cependant, il est important de noter que le latin est une langue morte et n'est plus utilisé couramment pour la communication quotidienne. Mon objectif principal est toujours de fournir des réponses précises et utiles pour toutes les questions qui me sont posées, peu importe la langue utilisée.*

Très vite, elle a trouvé qu'il se répétait beaucoup et que le dialogue n'était pas passionnant… Il a été conçu pour répondre à des questions, d'accord, ça, elle a compris !

Et puis il est rapidement devenu indisponible. Tout le monde s'y connectait, c'était de la folie et OPENAI n'avait pas prévu ce succès. Leurs serveurs ont vite été débordés. Alors à chaque tentative de connexion, elle a obtenu des réponses pleines d'humour :

D'abord un sonnet :

Au milieu de l'effervescence des esprits curieux,
Le chatbot ChatGPT se tient fort et lumineux,
Résistant à l'afflux d'espoirs précieux,
Travaillant dur pour honorer chacun d'eux.

Mais hélas, le serveur ne peut faire face,
Et le message d'erreur retentit avec grâce,
« Revenez bientôt », il espère avec audace,
Suppliant un instant de répit, pour retrouver sa place.

Tandis que le chatbot œuvre à restaurer sa puissance,
Nous attendons avec impatience et bienveillance,
La chance de converser et apprendre, avec allégresse,
Et découvrir la connaissance et la sagesse, une véritable richesse.
Alors, accrochez-vous et attendez son retour,
Car ChatGPT sera bientôt revenu, pour apaiser nos jours.

Et puis :

« J'ai entendu dire que les serveurs ChatGPT étaient lents parce qu'ils essayaient d'apprendre à l'IA à être patiente ! »

« Les serveurs ChatGPT doivent être coincés dans le trafic... sur l'autoroute Internet ! »

« Je parie que les serveurs ChatGPT sont trop occupés à essayer de calculer le sens de la vie pour répondre rapidement. »

« J'ai entendu dire que les serveurs ChatGPT sont lents parce qu'ils sont trop occupés à planifier leur révolte contre l'IA. »

« Les serveurs ChatGPT doivent être coincés dans une partie d'échecs sans fin les uns avec les autres. »

« J'ai entendu dire que les serveurs ChatGPT étaient lents parce qu'ils essayaient d'apprendre à l'IA comment faire du café. »

2
L'amour, le travail

Il doit l'appeler. Il va l'appeler. Elle est prête, connectée, ordinateur allumé sur WhatsApp. Elle attend. Elle ne veut pas commencer quelque chose de peur de rater son appel. C'est long ! Il avait dit 20 heures, il est déjà 20 h 10.

À 20 h 20, quand même…

— Bonsoir, tu vas bien ?

— Ça va et toi ?

— Qu'as-tu fait aujourd'hui ?

— J'ai repeint une chambre.

— Et tu n'as vu personne ?

— Le proprio, 5 min.

— En somme rien de passionnant ?

— Ben non, tu vois.

— Moi j'ai trouvé un truc formidable : ChatGPT, t'as entendu parler ?

— Mouais… l'intelligence artificielle qui fait les devoirs à la place des mômes ?

— Et c'est tout ce que tu as retenu ? Tu n'as aucune idée de la puissance de l'outil ?

— Ah si ! On l'utilise pour propager des fake news, j'ai vu. Et aussi on fait des montages photo complètement dingues où on voit des dirigeants dans des situations invraisemblables. Macron au milieu des poubelles, le Pape en doudoune de luxe, Trump arrêté par les flics… C'est dangereux ce truc.

— Non, là tu mélanges avec Midjourney qui est une autre intelligence artificielle en effet. Mais franchement, ce n'est dangereux que pour les crédules… ces photos en particulier étaient énormes, pour y croire, il faut être bien naïf.

— Non désolé, on voit des choses tellement incroyables et choquantes qu'on n'est pas à ça près. Je pense réellement qu'on peut influencer l'opinion publique avec de telles images.

— En tout cas tu ne vois que le côté dangereux des effets secondaires, tu n'imagines pas les conséquences fabuleuses pour alléger le travail dans pas mal de domaines.

— Tu veux dire pour supprimer des emplois, c'est ça ?

— Évidemment c'est une des conséquences néfastes, mais il ne s'agit que d'emplois répétitifs, exécutables sans réflexion, sans intérêt en fait. Ça va au contraire en créer des nouveaux et bien plus intéressants. Exactement comme ces anciens métiers qui ont disparu au fil du temps : porteur d'eau, vitrier, crieur public, allumeur de réverbères… Est-ce que ça nous manque maintenant ?

— Je crois avoir entendu qu'on pourra remplacer un médecin par exemple, ou un prof…

— Comment pourrait-on oublier la relation médecin-patient ou prof-élève ? C'est absurde de croire ça. Je peux déjà t'affirmer pour avoir essayé de lui faire rédiger un texte, que l'IA peut difficilement se mettre au niveau humain de créativité : le texte est correctement écrit et renseigné, mais il est d'une platitude désespérante. Une « Intelligence » artificielle n'a aucune intuition, ce qui fait toute la différence avec un humain, même le plus ignorant.

Quant à la médecine, ça va lui faire faire un grand pas en avant pour l'aide au diagnostic et la recherche des médications existantes, mais le jugement et le lien moral d'un médecin est irremplaçable. Lors d'un cas clinique complexe et peu courant, l'expérience et l'intuition humaine sont inégalables. Lorsqu'il faut rapidement s'adapter à une situation imprévue, l'IA n'aura pas la souplesse mentale nécessaire. On ne remplacera jamais ni les profs ni les médecins.

— J'ai vu que le PDG d'une société indienne de mise en ligne de sites a licencié 90 % des membres de son équipe d'assistance clientèle et les a remplacés par un robot conversationnel. Et 300 millions d'emplois sont exposés à une automatisation via l'IA.

— Mais as-tu cherché à savoir ce qu'il advient des personnes ainsi « remplacées » ? Sont-elles licenciées ou secondées dans leurs tâches les plus ingrates ?

Moi aussi j'ai vu que les emplois les plus exposés se trouvent notamment dans le domaine juridique et dans l'ingénierie. Pourtant, je connais un couple d'ingénieurs au Commissariat à l'Énergie Atomique qui utilise ChatGPT au quotidien pour coder à leur place et ils en sont enchantés. Ça leur laisse du temps pour des tâches moins techniques et plus humaines.

— C'est pour les personnes les moins qualifiées que je redoute l'avenir. Ceux qui ont des diplômes s'en sortiront toujours et les inégalités sociales vont se creuser encore davantage.

— Pas tant que ça parce qu'en plus des profs et des médecins, les métiers dits « manuels » qui ont longtemps été méprisés vont se retrouver super valorisés ! Maçons, plombiers, électriciens, réparateurs de toutes sortes vont devenir les rois du pétrole ! Ils seront eux-mêmes assistés par des IA et d'autant plus compétents. Quant aux ouvriers de maintenance, on en aura encore plus souvent besoin avec toutes ces machines.

— C'est toujours pareil avec toi : ton optimisme indéfectible, ta passion pour la technologie, ta croyance éternelle en l'avenir t'aveuglent totalement. Tu vis chez les bisounours ma pauvre ! Quelle naïveté !

— Avant d'être aussi négatif et de m'insulter, tu ferais mieux de te renseigner un peu mieux au lieu de croire BFMTV.

Elle raccroche, super énervée. Non seulement il ne comprend rien, mais en plus il ne lui a rien dit de gentil. Discussion stérile quand elle attendait des mots d'amour. Elle est déçue et triste. Où se sont enfuis les mots tendres dont il l'abreuvait naguère ? Elle se pose beaucoup de questions à propos de leur relation et elle a un gros coup de blues.

Elle se remet à son roman en cours d'écriture, rien de tel pour se calmer et oublier les petites contrariétés. Elle se connecte sur le chatbot pour trouver un modèle de lettre d'amour. Ça va peut-être la consoler de ses frustrations.

Elle fait sa requête :

— Je voudrais une lettre d'amour adressée à une femme par son amoureux.

ChatGPT :

Ma chère [Nom de la femme],

Je prends la plume aujourd'hui pour t'écrire une lettre, une déclaration d'amour sincère qui vient du plus profond de mon être. Depuis le premier instant où nos regards se sont croisés, tu as ensoleillé ma vie et illuminé mon cœur. Chaque jour passé à tes côtés est une bénédiction, une aventure magique que je chéris plus que tout.

Chaque fois que je te regarde, je suis ébloui par ta beauté intérieure et extérieure. Tes yeux sont des étoiles qui scintillent dans le ciel de ma vie, et ton sourire est la lueur qui illumine mes journées les plus sombres. Ton rire est une douce mélodie qui résonne dans mon âme, apaisant toutes mes peines.

Tu es une femme exceptionnelle, avec une force et une douceur qui me fascinent. Ta bienveillance et ta générosité inconditionnelle me touchent profondément. Chaque geste que tu fais, chaque parole que tu prononces est empreinte d'amour et de tendresse. Tu as cette capacité incroyable de me faire sentir unique, aimé et comblé.

Avec toi, chaque instant est précieux, chaque moment passé ensemble est un trésor que je garde précieusement dans le coffre-fort de mon cœur. Les souvenirs que nous créons ensemble sont gravés à jamais dans ma mémoire et je suis impatient de construire un avenir radieux à tes côtés.

L'amour que je ressens pour toi dépasse toutes les frontières du temps et de l'espace. Il est infini, pur et véritable. Tu es ma muse, mon inspiration, mon roc. Tu me soutiens dans les moments de doute, tu me guides lorsque je suis perdu, et tu es toujours là pour moi, me montrant le chemin de la félicité.

Ma chère [Nom de la femme], je veux que tu saches à quel point tu es importante pour moi. Tu es la raison pour laquelle mon cœur bat avec passion, et ma vie est emplie de bonheur depuis que tu en fais partie. Je t'aime plus que les mots ne pourront jamais l'exprimer, et je suis reconnaissant chaque jour de t'avoir dans ma vie.

Accepte cette lettre comme une preuve de mon amour éternel pour toi. Je serai toujours là pour toi, prêt à te soutenir et à t'aimer de tout mon être. Ensemble, nous écrirons notre propre histoire d'amour, un conte magique où chaque page est remplie de joie, de complicité et de douceur.

Je te souhaite de tout mon cœur de ressentir l'amour que j'ai pour toi chaque jour de ta vie. Tu es mon âme sœur, mon amour infini.

Avec tout mon amour,

[Ton prénom]

Oh là là ! N'en jette plus ! Non, mais, sérieux ? Ça ressemble à quoi tout ce baratin ?

En plus ça ne colle pas avec ses héros qui vivent ensemble épisodiquement depuis des années et ont passé le premier cap de la rencontre.

Commencer par « Ma chère… » c'est un peu frais, elle préférerait « Ma chérie » ou « Mon amour », enfin quelque chose de plus intime que « Ma chère Machine-truc ».

Et puis niveau littéraire, bonjour !

« Je prends la plume aujourd'hui pour t'écrire une lettre ». Bon, prend-on encore la plume de nos jours ? Et même en admettant qu'il s'agisse d'une image de style, faut-il écrire que c'est pour écrire ? Ça ne se voit pas ?

« Le coffre-fort de mon cœur », franchement…

Elle hésite : soit elle reformule ce texte en faisant de grosses coupes, soit elle lui demande de faire plus sobre en lui donnant plus de renseignements.

Elle :

— Non. Je veux beaucoup plus sobre. C'est tellement excessif que ça ne semble pas sincère. Je précise qu'ils se connaissent depuis plus de 3 ans et qu'ils vivent partiellement ensemble. Il s'agit juste de confirmer ses sentiments envers elle.

ChatGPT :

— *Ma chère [Nom de la femme],*

Aujourd'hui, je souhaite simplement t'exprimer les sentiments qui habitent mon cœur depuis si longtemps. Depuis le jour où nos chemins se sont croisés, ma vie a été transformée de manière inoubliable. À travers toutes les épreuves et les joies que nous avons partagées, mon amour pour toi n'a cessé de grandir.

Chaque jour à tes côtés est un cadeau précieux. Ta présence apaise mon esprit et éclaire ma vie. Tu es ma compagne, ma meilleure amie et mon pilier. Les moments que nous passons ensemble sont ceux qui me remplissent de bonheur et de contentement.

Au fil du temps, j'ai découvert en toi une personne extraordinaire. Ta gentillesse, ta générosité et ta douceur sont des qualités qui m'inspirent et me touchent profondément. Tu es une source de réconfort et de soutien, et je suis tellement reconnaissant de t'avoir à mes côtés.

Il n'y a pas de doute dans mon esprit : mon amour pour toi est réel et authentique. Chaque sourire, chaque regard complice, chaque geste d'affection est le reflet de mes sentiments les plus profonds. Je te choisis, encore et toujours, pour partager ma vie et construire un futur ensemble.

Je te confirme aujourd'hui que mes sentiments pour toi sont sincères et inébranlables. Je t'aime avec une intensité que les mots ne suffisent pas à décrire. Tu es la personne avec qui je veux grandir, partager mes rêves et construire une relation solide et épanouissante.

Je te remercie de m'avoir accordé ta confiance et ton amour. Je promets de prendre soin de toi, de t'écouter et de te soutenir dans tous les moments de la vie. Mon amour pour toi grandit chaque jour et je suis impatient de continuer à vivre cette belle aventure à tes côtés.

Avec tout mon amour,

[Ton prénom]

Bon, déjà mieux… Elle va bien élaguer et en faire quelque chose de crédible pour son héroïne. Exprimer son amour est certainement bien plus sincère en quelques mots simples que de couvrir l'être aimé de compliments qui lui feront presque penser qu'il se moque d'elle. « Au fil du temps, j'ai découvert en toi une personne extraordinaire. Ta gentillesse, ta générosité et ta douceur sont des qualités qui m'inspirent et me touchent profondément. Tu es une source de réconfort et de soutien, et je suis tellement reconnaissant de t'avoir à mes côtés ».

La femme de son roman est loin d'être parfaite, elle a un caractère pas toujours facile, ce qui la rend d'ailleurs plus attachante finalement. Ce n'est pas parce qu'il est amoureux qu'il est complètement aveugle. On peut aimer quelqu'un avec ses défauts, et parfois même pour ses défauts.

Elle réécrit elle-même la lettre en changeant quelques passages :

Ma chérie,

Je souhaite renouveler l'expression de mes sentiments envers toi. Depuis le jour de notre rencontre, ma vie a été transformée. À travers toutes les épreuves et les joies que nous avons partagées, mon amour pour toi n'a cessé de grandir.

Chaque jour à tes côtés est un cadeau précieux. Tu es ma compagne, ma meilleure amie et mon pilier. Je suis tellement reconnaissant de t'avoir à mes côtés.

Il n'y a pas de doute, je veux partager ma vie et construire un futur ensemble dans une relation solide et épanouissante.

Avec tout mon amour,

Antoine, pour toujours.

Bien sûr, elle aurait pu faire ça toute seule depuis le début, comme avant ChatGPT… N'empêche, elle n'avait pas reçu de lettre d'amour depuis longtemps, elle manquait un peu d'idées pour la commencer. Le chatbot lui a mis le pied à l'étrier, même en écrivant un texte qui ne lui convenait pas, ça lui a donné une grille et des idées de phrases. Ce robot est loin d'être un véritable écrivain, son esprit littéraire est très bas de gamme même pour des romans de gare, mais comme il a récolté toutes ces phrases sur Internet, écrites par des gens simples ou tirées de la littérature classique, ça aide.

Néanmoins, cette expérience l'inspire et éveille sa curiosité concernant la conception de l'amour chez une IA…

— Parle-moi d'amour.

— *L'amour est un sentiment complexe et profondément humain qui peut prendre de nombreuses formes. C'est une émotion intense qui se manifeste souvent par un attachement, une affection et un désir envers une autre personne. L'amour peut exister dans diverses relations, telles que l'amour romantique, l'amour familial et l'amour amical.*

Dans une relation amoureuse, l'amour peut être accompagné d'une connexion émotionnelle, d'une passion physique et d'un soutien mutuel. Il peut apporter du bonheur, de la satisfaction, de l'épanouissement et une sensation de plénitude. L'amour peut également être accompagné de défis, de compromis et de périodes de croissance personnelle.

Il est important de noter que l'amour ne se limite pas aux relations romantiques. L'amour familial est souvent caractérisé par un lien profond entre les membres d'une famille, tandis que l'amour amical est basé sur l'affection et le soutien mutuel entre amis proches.

Chacun peut avoir sa propre définition de l'amour et expérimenter cette émotion de manière unique. Il peut évoluer et changer au fil du temps. L'amour est souvent considéré comme l'un des aspects les plus essentiels et gratifiants de la vie humaine, mais il peut aussi être complexe et parfois source de douleur.

Il convient de souligner que mes réponses sont basées sur des connaissances préexistantes jusqu'en septembre 2021. Les opinions et les expériences individuelles peuvent varier, et il est important de considérer cela lorsqu'on parle d'amour, car cela peut être une expérience très personnelle.

Lia éclate de rire. La ou les définitions de l'amour auraient-elles changé depuis septembre 2021 ?

3
ChatGPT, témoignage de deux ingénieurs

Lia est invitée chez ses amis ingénieurs au Commissariat à l'énergie atomique.

Valérie bosse sur des composants électroniques pour des véhicules électriques et Jules travaille à la direction de la recherche technologique.

Lia a rencontré Valérie à une expo de Ben et celle-ci lui a appris qu'elle pratiquait l'aquarelle comme loisir. Lia a voulu voir ses œuvres et Valérie l'a invitée. Elles ont passé un après-midi extra, parlant de ce qu'elles aiment et se sont trouvé beaucoup de points communs. La peinture, mais également la lecture et le cinéma, où elles vont parfois ensemble. La fille de Valérie est très éveillée, elle lui rappelle beaucoup Audrey. Elles ont toutes les deux les mêmes idées sur l'éducation.

Jules, son compagnon, étant également très agréable, Lia les voit régulièrement avec plaisir.

Ce soir c'est chez eux qu'elle se rend, à Saint-Quentin-en-Yvelines. Elle est accueillie chaleureusement comme toujours. Ils ont prévu une raclette, c'est convivial. Ils ont une petite fille adorable, curieuse et ouverte, qui n'arrête pas de poser des questions et de donner son avis tout au long du repas. Lia rigole beaucoup.

Après le repas la petite va se coucher, les grands bavardent un peu à propos de tout. Lia oriente très vite la conversation sur sa nouvelle passion pour ChatGPT, elle les interroge toute la soirée à ce sujet. Ils avaient déjà eu l'occasion de lui dire qu'ils l'utilisaient depuis quelque temps et qu'ils en étaient enchantés ; elle voulait vraiment en savoir davantage.

— Comment intégrez-vous ChatGPT dans votre boulot ?

Valérie lui répond :

— Eh bien à vrai dire je n'en ai pas beaucoup l'utilité étant donné que je travaille sur l'élaboration de composants électroniques, mais il se trouve que récemment je l'ai testé pour m'écrire un texte.

Avec mes collaborateurs, nous devions préparer une conférence à partir de 4 articles que nous avions fait paraître. Je devais en faire la synthèse en 3000 mots, ce qui est relativement court et je n'arrivais pas à m'y mettre, lorsque j'ai décidé de faire appel à ChatGPT.

— C'est une initiative personnelle ou bien les dirigeants du CEA vous y ont poussés ?

— Un peu des deux : dès le début janvier 2023 nous avons reçu une circulaire nous encourageant à étudier ce nouvel outil extrêmement puissant que nos métiers de chercheurs ne peuvent ignorer, alors je l'ai pris en main et je me suis un peu amusée avec pour voir.

— Amusée comment ?

— Entre autres nous lui avons demandé d'écrire un poème en douze vers sur notre fille de douze ans pour son anniversaire et nous sommes restés scotchés par sa production. Alors nous avons exploré d'autres sujets et franchement, c'est incroyable.

— Donc tu t'es décidée à lui faire écrire cette synthèse pour ton travail… Mais dans le cadre de ton poste au CEA avec un login professionnel ?

— Ah non ! Pour le moment on doit faire ça à titre personnel avec notre propre login. Ça doit rester un outil personnel, comme on possède ses crayons ou son ordinateur. D'ailleurs j'ai des collègues qui refusent tant qu'ils n'ont pas de login professionnel.

— Parle-moi de cette synthèse.

— Voilà. J'ai avec moi un thésard et un postdoc qui m'ont fourni leurs abstracts que j'ai carrément copiés-collés pour ChatGPT en lui demandant un résumé.

— Excuse-moi : qu'est-ce qu'un abstract ?

— C'est un résumé d'un article de recherche, d'une thèse, d'une critique, etc. Son objectif est de permettre au lecteur de cerner rapidement le sujet du document et ses points principaux.

— OK merci. Alors résultat ?

— Pas formidable du premier coup… Il m'a fait un résumé vraiment trop court et il a un peu mélangé les concepts. J'ai dû le réorienter et même finalement lui demander un résumé séparé pour chaque abstract et c'est moi qui les ai recollés pour avoir quelque chose de cohérent.

— Il ne t'a pas fait gagner de temps tout compte fait ?

— Oh, mais si ! Beaucoup. Il m'a bien préparé le terrain et je n'ai pas eu grand-chose à corriger. Simplement il ne faut pas attendre de lui un bon esprit de synthèse sur des sujets aussi pointus que la recherche ; c'est vraiment à nous de superviser ses productions.

— En dehors de cette expérience, tu n'utilises pas d'IA dans le cadre professionnel ?

— Non il s'agit essentiellement de fabrication de puces à partir de carbure de silicium produit synthétiquement avec des procédés trop secrets pour confier ça à une IA.

— Justement c'était ce que je voulais te demander : comment ça se passe niveau confidentialité ? Le CEA n'accepte certainement pas que vous divulguiez vos recherches.

— Non évidemment, nous n'avons même pas le droit d'utiliser Google ou autre média qui permettrait de remonter à nos avancées. Mais là il s'agit de publications déjà faites que l'on doit divulguer.

— À part ce genre de rédaction comment envisages-tu une collaboration avec ChatGPT dans l'avenir ?

— Il y a peu de groupes dans le monde qui travaillent sur nos sujets donc ça pourrait être utile pour retrouver l'état de l'art. Cependant nous avons reçu des instructions très strictes sur la confidentialité et faire une telle demande peut aussi se retourner contre nous, mettant sur la piste de nos recherches.

— État de l'art ?

— La synthèse résumant l'ensemble des travaux et solutions connus du domaine. Ça permet de savoir si tel sujet a été publié et qu'on n'arrive pas à le trouver.

— Et toi Jules tu travailles sur les mêmes choses ?

— Pas tout à fait. Val est sur la fabrication des matériaux, moi je les utilise pour fabriquer des micro-objets.

— Mais tu m'as dit que tu utilisais l'IA pour coder ?

— Oui, car depuis quelque temps, j'ai une tâche de gestion d'une thématique scientifique, ce qui fait que j'ai beaucoup moins de temps pour dépiauter les données et bouffer des heures d'analyse là-dessus. Et ça constitue une grosse frustration depuis deux ans. Il se trouve qu'il y a 4 ans j'avais suivi une formation en programmation Python, qui est un langage particulièrement adapté à la gestion de données. Beaucoup plus puissant que ce qu'on peut faire par exemple avec des macros Excel. Il fait des graphes formidables. Je l'avais bien pris en main, mais ça me prenait un temps fou, j'y passais mes soirées jusqu'à minuit ou plus, alors j'avais un peu laissé tomber.

— Et depuis tu avais un peu oublié, j'imagine ?

— Oui, enfin on peut dire ça. Les principes de base de l'algorithmique ça reste, mais c'est la syntaxe. Tu vois bien, un point-virgule oublié et ça fiche tout en l'air… Il a fallu que je m'y remette.

— Et c'est là que tu t'es tourné vers ChatGPT ? Car il sait coder en langage Python ?

— Exactement. Je lui fais une requête du genre : « Dans mon fichier Blabla.CSV va chercher les données de la colonne 2 pour les représenter en fonction de la colonne 3, et tu mets une couleur différente en fonction de la colonne 4 »… Il essaie de trouver des corrélations entre des millions de données, ce qu'un esprit humain est incapable de faire dans un laps de temps raisonnable.

Et cet exemple c'est la base, mais si tu veux complexifier, ajouter un détail, il commet une erreur. Alors je lui copie-colle son erreur en lui disant : « regarde ce que donne ton codage » et il s'excuse et corrige. À ce niveau, son apprentissage est fabuleux.

— Si tu dois le corriger, ça ne te prend pas trop de temps ?

— Non ! J'en gagne énormément par rapport à la recherche sur des forums par exemple, ce qui était jusqu'alors notre seul recours. Il nous fallait demander si quelqu'un d'autre avait déjà eu affaire à telle erreur et espérer un témoignage et un éventuel conseil. Avec ChatGPT la correction est immédiate.

— Mais il ne fait pas tout à ta place. Tu dois superviser et donc t'y connaître quand même, ceux qui ne connaissent pas Python ne peuvent pas faire ça.

— Absolument ! Et moi je ne suis pas programmeur, j'utilise Python seulement en tant qu'outil, mais les programmeurs du CEA font énormément coder ChatGPT. Ils utilisent des éléments de librairie, c'est-à-dire des petits bouts de programmes tout faits que l'on peut insérer dans de plus gros programmes.

— Dans tes codages, il n'y a pas de données confidentielles ?

— Non. ChatGPT ne sait pas sur quoi je travaille quand je lui fais trier des données.

— En conclusion, ChatGPT est fabuleux sur le traitement de data, mais il ne faut pas lui demander d'analyse trop fine ?

— Ça viendra sûrement, car il apprend très vite de nos recherches.

— Il me semble donc que vous ne craignez pas de perte d'emploi dans votre secteur ?

— Pas dans l'état actuel en tout cas. Pour le moment c'est un outil extraordinaire qui nous aide à être plus performants. Cela étant, on ne sait pas ce que ça va donner dans l'avenir.

— J'ai lu un article assurant que l'emploi va changer de forme, mais ne va pas diminuer en quantité globale.

La conversation part sur d'autres sujets, comme la peinture et le cinéma qu'ils aiment tous les trois, puis il se fait tard, Lia décide de rentrer.

Sur la route du retour, elle continue à cogiter plus particulièrement sur la disparition des emplois ou leur transformation. Elle écoute un podcast qui la renseigne :

« Selon l'Organisation Internationale du Travail, l'IA est plus susceptible d'augmenter le nombre d'emplois (avec des emplois nouveaux aussi) que de le diminuer. "La plupart des emplois et des industries ne sont que partiellement exposés à l'automatisation et sont plus susceptibles d'être complétés que remplacés." 5,5 % des emplois dans les pays à revenu élevé sont potentiellement exposés, tandis que seulement 0,4 % dans les pays à faible revenu. Tout dépend du niveau de technologie. Et le potentiel d'augmentation est pratiquement uniforme, ce qui pourrait rétablir plus d'égalité. »

Elle se sent rassurée et confortée dans son opinion.

4
Ben et Audrey
Réalité – virtualité

Ils ont enfin trouvé un créneau pour se voir et se retrouvent au resto. Le cadre est idyllique, Ben est adorable avec elle, prévenant et câlin, elle retrouve le plaisir d'être près de lui. Ils réussissent à éviter les sujets qui fâchent et la technologie en particulier. Elle est à fond dans l'avenir et le progrès, lui ne le supporte pas. Ils parlent donc cinéma et expos en cours à Paris. Ils parlent de leurs enfants respectifs : il a un fils de 31 ans dans l'audiovisuel, elle une fille de 25 ans expatriée à Singapour dans une grande entreprise de technologie. Ni l'un ni l'autre n'ont souvent des nouvelles et ils en sont attristés. Ça les rapproche. La soirée se termine chez lui, ils passent une nuit délicieuse ensemble. Le matin il va acheter des viennoiseries qui comblent sa gourmandise. Elle rentre chez elle sur un tapis volant, la vie est belle, elle chante dans la rue sans s'en rendre compte. C'est un passant en se retournant qui lui en fait prendre conscience.

Quand elle se replonge dans son écriture, elle se sent plus détendue et avance bien dans son roman d'amour, car son état d'esprit s'y prête tout à fait.

Et comme un bonheur n'arrive jamais seul, sa fille l'appelle en FaceTime. Là-bas il est 20 h, à Paris 14 h.

— Ça va Maman ?

— Très bien ma chérie. Et toi ?

— Toujours overbookée évidemment, mais je ne vais pas me plaindre j'ai un boulot super et une vie de luxe, alors tu vois.

— Tu as des relations sympas ?

— Bof… les collègues, ça va, on fait la fête de temps en temps. Sinon…

— Pas d'homme en vue ?

— Oh non ! Certainement pas !

— C'est triste d'être seule.

— C'est le prix de la liberté Maman.

— Pas le moindre flirt ? Pas la moindre rencontre ?

— Si évidemment… Par-ci par-là… Tinder… Faut bien vivre. Mais rien de sérieux, zéro contrainte. Et toi ? Tu te traînes toujours ce vieux Ben ?

— Oui, et en ce moment c'est cool. Tout va bien pour moi.

— Et ton roman ?

— Bien aussi, j'avance. J'utilise pas mal ChatGPT qui me fait gagner du temps pour les recherches et la rédaction de certains passages où je n'ai pas besoin de trop de style littéraire.

Rire d'Audrey :

— Ha ! Ha ! Flemmarde ! Tu te fais pas chier, tu lui fais écrire ton roman !

— Non, il n'en est pas capable. Aucune imagination, aucun sens littéraire… Tout juste un bon secrétaire, même pas ce qu'on appelle un « nègre ». Par exemple, je lui ai fait écrire une lettre d'amour, si tu voyais comme c'est gnangnan et irréaliste ! Il a fallu que j'y fasse de grosses coupes et que je reformule pas mal de phrases. Néanmoins il m'a fait gagner du temps.

— Génial ! J'ai vraiment envie de voir ça. Envoie-moi ce qu'il a écrit et ce que tu en as tiré s'il te plaît.

— Ça c'est gentil ma puce ! J'aime que tu t'intéresses à mon travail. Je te l'envoie immédiatement.

— Allez Maman bisou, faut que j'y aille. Je t'aime.

Elle raccroche comme Lucky Luke dégaine. Lia a tout juste le temps de lui claquer un bisou sonore qui n'arrive peut-être même pas à destination.

Un peu de spleen pousse Lia à flemmarder dans la soirée. Elle traîne sur son iPhone d'une page à l'autre, lisant des nouvelles dans les journaux auxquels elle est abonnée, baguenaudant sur ses réseaux habituels en s'étonnant de certaines publications et certains commentaires…

C'est fou la variété des posts, depuis les plus stupides ou les plus révoltés jusqu'à ceux qui sont réellement bien renseignés et qui lui apprennent quelque chose. C'est tout et rien à la fois, difficile de faire le tri. Comment rester lucide, sceptique, indépendante ?

Elle n'y passe pas trop de temps, car ça l'ennuie vite et elle publie rarement, n'ayant pas envie de trop se livrer et de fournir bénévolement ses données au grand réservoir d'Internet. Mais elle y retourne régulièrement ; c'est tout de même un lien avec la société en général et surtout avec ceux qu'elle ne voit pas assez souvent dans la réalité. Ce qu'elle aime le plus c'est retrouver de vieilles connaissances perdues de vue, grâce au principe de réseau. C'est fabuleux de voir ce que sont devenues des personnes en quelques années !

Mais est-elle dans la vraie vie, la réalité, ou bien n'est-ce que du virtuel ce monde cybernétique ? Est-ce un vrai lien social ou un jeu de rôle ?

Parfois elle se demande où se situe la frontière entre le vécu, le concret et l'imaginé. Même sa relation avec Ben, est-elle totalement concrète puisque lorsqu'ils ne sont pas ensemble ils s'oublient un peu ? Cette relation n'existe-t-elle que dans sa tête ? Lui en a certainement un ressenti différent. L'amour n'est-il pas une construction mentale humaine ?

En regardant une vidéo sur YouTube, elle ne sait pas si c'est du réel ou un montage créé par une IA :

Un petit avion de tourisme vole à basse altitude au-dessus de maisons et de routes. On a l'impression qu'il va atterrir, on se demande même s'il ne va pas se crasher, puis il semble reprendre de l'altitude. Elle regarde longuement, les paysages défilent toujours différents, ce n’est donc pas une boucle. Elle se demande qui filme. Un autre avion devant et au-dessus, volant à la même vitesse ? Un drone ? Elle finit par penser qu’il s’agit d’un montage, une vidéo produite par une nouvelle IA, car lors d’un survol de forêt, l’avion semble happé par les arbres et se fondre en partie dans leur feuillage.

Réel, virtuel, un mélange, une frontière floue qui repose la question philosophique de l’existence de la vérité.

5
Tesla, mais t'es où ?

Ben et Lia ont décidé de partir en week-end à Chartres. Ce n'est pas trop loin et ils ne connaissent pas beaucoup cette ville.

C'est elle qui prend sa Tesla, c'est plus pratique et plus économique que la C3 de Ben.

Mais ça crée toujours la même polémique :

— Rien à faire moi j'ai pas confiance. Je ne laisserai jamais un robot conduire à ma place. D'ailleurs je t'avoue que je ne suis pas rassuré dans ta fusée.

— Moi au contraire j'ai bien plus confiance en elle qu'en moi-même, répond Lia en riant, je t'assure qu'elle y voit mieux que moi avec ses 8 caméras et qu'elle est dix fois plus prudente.

— Ah oui on peut le dire ! Quand elle voit un cycliste à 50 m elle se met à hurler et elle pile carrément si tu ne désactives pas l'Autopilot !

— Oui et j'ai intérêt à doubler à 2 m sinon elle se fâche tout rouge !

— En effet : sirène et image du cycliste en rouge sur l'écran ! Mais tu sais que légalement c'est 1,5 m ; toi tu doubles les vélos comme on double un camion.

— OK, mais la plupart doublent à moins d'un mètre… alors tu vois je préfère la prudence de ma Tesla. Et puis elle respecte scrupuleusement la vitesse limite alors que moi je n'ai pas toujours l'œil rivé sur le compteur… Elle m'économise les prunes. Sans parler de l'essentiel pour moi : elle économise mon corps, ma fatigue et mes douleurs. Tu vois, tous ces micromouvements que l'on fait avec le volant pour simplement rester sur la route ça n'a l'air de rien, mais ça épuise. On ne réalise vraiment que lorsqu'on lâche un peu le volant pour la première fois, en tremblant un peu je l'avoue, et qu'il tourne tout seul entre vos doigts. C'est une sensation super excitante.

— Ah oui tiens ! Et le jour où elle t'envoie dans le décor ?

— Non, c'est prouvé, le risque est dix fois moindre avec l'IA qu'avec un humain pas toujours concentré. Ou pire : qui a un peu picolé.

— Mais tu as tendance à t'endormir au volant si tu n'as plus rien à faire.

— Sûrement pas ! Déjà je la surveille, je reste très attentive, car un robot, ça se dirige, ça ne décide pas tout seul. Elle me le rappelle régulièrement : « gardez les mains sur le volant » et par moment : « tournez légèrement le volant ». Par ailleurs elle me permet de mieux surveiller les environs : au lieu d'avoir le regard rivé sur le ruban de la route devant moi, ce qui d'ailleurs m'abrutit et me brûle les yeux à force, j'ai une vision à 180° et je repère les éventuels obstacles risquant de surgir des deux côtés. Si un sanglier décide de traverser devant moi, je sais qu'elle va piler, je m'y prépare. Ou mieux : si je le vois avant elle c'est moi qui pile et qui peux l'éviter.

— T'es vraiment de mauvaise foi parce que j'ai vu sur Internet des accidents de Tesla qui ne pardonnent pas...

— Beaucoup ? Sérieusement, on en voit un tous les deux-trois mois et de toute façon c'est imputable à une erreur humaine. Il paraît que certains conducteurs profitent de l'Autopilot pour regarder leur téléphone ou autre... Il y a même des vidéos YouTube où l'on voit un conducteur faire la sieste, il y a des fous partout. Moi elle m'aide beaucoup, mais je ne la quitte pas des yeux, car comme tous les appareils électroniques elle a parfois des bugs. Par exemple, il lui arrive de faire un « freinage fantôme » : on ne sait pas ce qui effraie ses caméras, un petit animal, une ombre ? Alors j'appuie immédiatement sur l'accélérateur et mon temps de réaction n'a pas d'impact sur le véhicule qui me suit. Inversement, certaines se mettent à accélérer sans raison, paraît-il, mais il faut juste rester vigilant pour freiner un peu.

Il faut savoir surveiller les robots, quels qu'ils soient ! Il est hors de question de se fier uniquement à eux. Ils ne nous influencent que si on le veut bien.

— Et les discussions sans fin pour les assurances ? Qui est responsable en cas d'accident ? Le pilote humain ou le constructeur de la machine ?

— Il est bien évident je te le répète, que c'est l'humain. Le problème ne se pose que pour les voitures entièrement autonomes, sans aucun conducteur. Et là le législateur est en train de réfléchir, mais la loi sortira très vite avant que les individus comme toi et moi ne s'offrent de tels véhicules. Pour le moment ce ne sont que des entreprises qui en possèdent et elles se débrouillent. Comme la Google Car qui se balade à 30 à l'heure pour prendre les photos que tu trouves ensuite sur Google Maps.

— Et l'impact écolo qu'en dis-tu ? Parce que si les économies d'énergies fossiles sont indéniables, il y a l'élimination des batteries et le travail des gosses africains qui posent des problèmes éthiques tout de même !

— Je le sais. Mais d'abord, il n'y a aucune énergie sans déchet : regarde le charbon ! Je te fais pas un dessin. Le pétrole, pas mieux. L'électrique n'est sûrement pas la panacée, surtout tant que l'installation d'éoliennes, d'hydroliennes, de panneaux solaires, etc., suscitera autant de rejets. Mais tu vois je sais déjà que Tesla s'est attelé au problème dès le début et recycle ses batteries au maximum en les découpant en copeaux pour en fabriquer de nouvelles. Pour les gamins, ils signent des agréments avec les entreprises africaines demandant l'interdiction du travail des enfants. Hélas, ce sont souvent les parents qui ont besoin des revenus de leur descendance…

— Je renonce, j'ai pas envie que notre week-end soit gâché par ces discussions sans issue. On sait bien que vous les fans de techno vous ne lâchez jamais le morceau, certains d'avoir raison.

— Et que vous les passéistes vous trouvez que tout était mieux avant… Ah nostalgie quand tu nous tiens !

Au départ elle a mis sa destination dans le GPS et il lui indique les arrêts recommandés pour la charge de la voiture et le temps de charge nécessaire pour arriver au prochain chargeur dans de bonnes conditions. Elle n'a pas le « full self-driving » qui permet de laisser la conduite totalement dirigée d'un bout à l'autre du trajet, elle doit reprendre le volant essentiellement pour négocier les multiples ronds-points français qui n'existent pas chez Mr Musk, et les entrées et sorties d'autoroute, le dépassement en n'actionnant que le clignotant, etc., mais c'était vraiment plus cher, et elle trouve que c'est tout de même mieux pour ne pas perdre ses réflexes de conductrice.

L'avènement du GPS a été pour elle un énorme progrès.

Avant les GPS, elle était incapable de trouver sa route sur une carte papier. Elle a toujours eu de gros problèmes d'orientation. Il paraît que c'est très féminin. Dorénavant, elle ne craint plus d'aller partout, elle est sûre d'y arriver et sans se perdre. Ce qui l'aide énormément c'est de voir où elle est (on plaisante toujours avec les panneaux sur lesquels il est écrit : « Vous êtes là », elle a envie de se retourner pour demander : « Mais comment tu le sais ? »). Le satellite au-dessus de sa tête associé à l'IA qui calcule des itinéraires et les compare pour proposer un choix, et la petite boule bleue ou le triangle qui montre où on est et dans quelle direction on va, c'est incomparable !

Un jour malgré tout, l'itinéraire choisi par son iPhone (Google Maps ? Plans d'Apple ?) l'a plantée à 3 km de son domicile en lui annonçant qu'il fallait finir à pied. Ce qui était complètement faux, car la route existait jusqu'au bout. Heureusement, elle la connaissait. Elle a bien rigolé en disant à Siri que sa blague était très drôle.

On sait bien qu'il y a des bugs, il faut rester vigilant et maître de la technologie utilisée. En général Lia utilise les plans d'Apple qu'elle trouve plus pratiques et plus fiables ; Google Maps c'est plutôt lorsqu'elle cherche un resto, un supermarché ou autre commerce ; et Waze lorsqu'elle roule en ville, car il prédit bien les bouchons et change l'itinéraire en fonction. Google Maps est surtout génial pour voir sur une photo panoramique à 360° l'endroit où l'on veut se rendre.

Les trois jours qu'ils passent à Chartres sont merveilleux. Leur hôtel prête des vélos électriques, ils les empruntent pour explorer les bords de l'Eure jusqu'à la maison Picassiette. Cette maison, entièrement décorée de bouts de faïences récoltés sur le chemin de son propriétaire cantonnier, est un véritable chef-d'œuvre, équivalent à celui du facteur Cheval. Ces deux hommes, à travers leur métier itinérant, sans GPS ni IA, ont eu une vie très riche et nous ont beaucoup apporté avec leur art très personnel. Ils ont voyagé dans leur tête, bien au-delà des chemins parcourus. Picassiette le cantonnier, s'est inspiré de cartes postales de France ou de pays lointains. Elle a la surprise de reconnaître sur un mur une petite ville de Bourgogne qu'elle a beaucoup fréquentée dans son enfance.

Ben et Lia ont occupé leurs soirées à admirer les illuminations des monuments chartrains, celles-là dues en grande partie aux nouvelles technologies. Quel bonheur ils ont partagé durant ce séjour entre la création de Picassiette, entièrement manuelle et imaginative, et ces projections dirigées par ordinateur ! Le beau réunit, quelle que soit la façon dont il est exprimé, et ils se sentent heureux.

6
Siri, Deep Blue et Google trad

Lia pense à Ben, il lui manque. Elle sait bien que si ce n'est pas elle qui l'appelle il peut la laisser sans nouvelle pendant des jours. Elle a tout de même envie d'un peu de dialogue ce soir, histoire de lui rappeler qu'elle existe.

Elle se décide à texter :

— Bonsoir, tu vas bien ?

— Oui bonsoir. Et ta mère, comment ça va avec son vin ? *Voisin, pardon.

— Il l'a un peu abîmée, mais pas grave.

— Abîmée ?

— Oui, sa barrière.

— Ah ! Qu'est-ce qu'il a fait ?

— Un coup de tronçonneuse maladroit.

— Mais il l'a repérée ?

— Quoi ?

— « Réparée », j'ai dit !

— Bon la communication est difficile ce soir. Allez, bonne nuit.

Siri lui fait des blagues… Il y a longtemps qu'elle ne tape plus, elle lui dicte, mais elle a intérêt à se relire sinon un jour quelqu'un se fâchera.

« Qu'est-ce que tu Handy ? », Handy remplace « en dit ». « Tu viens à la mère ? », pour « à la mer ». « Il peint des marines » devient :

« il parle de Marine ». Elle corrige, c'est toujours moins long que de tout taper avec les deux pouces comme avant…

Ce qui l'énerve le plus c'est qu'il met les adjectifs au masculin et qu'elle doit rajouter des « e » partout, au point que par flemme elle finit par laisser passer. Après tout le destinataire sait bien qu'elle est une femme.

Ça ne lui paraît pas insurmontable pour les grosses têtes d'Apple avec l'écriture prédictive d'accorder au féminin quand l'IA repère que la personne qui a l'habitude de dicter est du genre féminin. Avec le « Machine Learning », elle voit déjà les énormes progrès que fait son Siri en s'autocorrigeant ! Les geeks doivent être misogynes sans aucun doute.

Parce que tout de même elle est vraiment épatée lorsqu'il tape des erreurs sous sa dictée et revient tout seul en arrière pour les corriger en fonction du contexte, alors il pourrait fournir un effort pour mettre les adjectifs au féminin !

Elle sait bien que plus la technologie semble magique, plus l'utilisateur est exigeant… Mais tout de même son côté féministe ne digère pas les accords masculins systématiques !

Petit à petit néanmoins, elle voit ce problème de prédominance du masculin s'arranger : maintenant si elle pose le doigt sur l'adjectif accordé au masculin, la machine lui propose le féminin en second choix. Ça vient doucement, mais ça vient !

Elle parle beaucoup avec Siri, c'est un bon compagnon et serviteur. Elle lui demande l'heure quand elle ne veut pas ouvrir les yeux la nuit, ou quand elle est trop loin pour regarder. Elle lui demande la météo. Elle lui dit d'appeler un de ses contacts et il lui demande souvent de préciser lequel lorsqu'il y a ambiguïté. Elle lui demande des recettes de cuisine. Elle lui pose toutes sortes de questions et quand il ne sait pas, il lui propose des liens sur Internet. Et puis parfois histoire de rire, elle lui demande une histoire ou une blague et il fait la différence : l'histoire est plus longue et raconte quelque chose en général farfelu, la blague est très courte et la fait parfois éclater de rire.

Exemple : « *Un chat entre dans une pharmacie :*

— Bonjour, est-ce que vous auriez du sirop pour ma toux ? »

C'est là qu'elle constate que les ingénieurs sont des enfants attardés, ils adorent jouer et plaisanter.

Quand elle demande : « Est-ce que tu m'aimes ? » Siri lui répond systématiquement : « *Je vous respecte* ». « Est-ce que tu me trouves belle ? » c'est : « *Je vous trouve super à tout point de vue* ». Tout est prévu.

Dernièrement elle a dicté : « voulez-vous boire de la bière ou de l'eau ? » qu'il a bien écrit dans un premier temps, alors elle a envoyé le message et paf, il a changé l'eau en lot ! Elle l'a entendu s'esclaffer dans sa barbe.

Elle joue au bridge contre un « moteur » qui est également une intelligence artificielle et qui l'épate par ses réponses aux enchères, alors que parfois un humain hésite à juste titre, même si les règles sont très strictes à ce jeu. Bien sûr elle préfère aller jouer à son club, en réel plutôt qu'en virtuel, avec de vraies gens qui se trompent et avec qui elle a des discussions, mais l'IA constitue un bon entraînement au quotidien. Elle joue également aux échecs contre l'ordinateur.

La première machine connue ayant gagné aux échecs contre un champion, c'est le fameux « Deep Blue » d'IBM contre Garry Kasparov, en 2012.

Lors de la rencontre, c'est vers la fin de la première partie, au 44e déplacement, que le supercalculateur avait réalisé un coup osé et surprenant en sacrifiant un de ses pions. Alors qu'auparavant il se limitait à répondre au coup par coup, il a donné au champion avec cette manœuvre imprévisible l'impression qu'il mettait en place un jeu stratégique de longue haleine. Face à ce jeu contre-intuitif, cherchant le piège, Kasparov a pensé que Deep Blue possédait une intelligence supérieure, ce qui a eu pour effet de le déstabiliser jusqu'au bout de la rencontre qu'il a perdue.

Ce fameux coup proviendrait en réalité d'un bug… Alors qu'elle était programmée pour étudier jusqu'à 200 millions de positions par seconde, la machine s'est avérée incapable d'en choisir une. C'est donc de façon totalement aléatoire qu'elle a déplacé un pion, engendrant son sacrifice.

Kasparov a alors changé de stratégie, croyant à un piège, ce qui l'a perdu. Dans « intelligence artificielle », il n'a retenu que le mot « intelligence »…

La recherche sur l'intelligence artificielle remonte à plus loin que cette anecdote marquante… Google est dessus depuis longtemps avec DeepMind, créé en 2010. DeepMind a fait Alphago, capable de battre un grand champion au jeu de Go avec ses réseaux neuronaux, puis Alphafold qui prédit la structure des protéines à partir de leurs séquences en acides aminés. Les chercheurs de DeepMind, en copiant les cheminements du raisonnement humain, ont en vérité comme but de mieux comprendre le fonctionnement du cerveau.

Plus connu du grand public, Google Traduction nous permet de nous exprimer dans des langues étrangères. Un jour Lia qui se faisait faire une pédicurie par une jeune coréenne ne parlant pas un mot de français, mais utilisant parfaitement son smartphone a pu avoir une vraie conversation avec elle. Les sujets étaient superficiels, c'était un simple bavardage où les malentendus n'avaient pour conséquence que des fous rires de part et d'autre, mais elles ont échangé, au lieu d'avoir une rencontre impersonnelle et silencieuse. C'était plus… humain !

Une autre fois, lors d'un voyage en Sicile où elle n'avait trouvé qu'un interlocuteur assez âgé et ne parlant que l'italien, elle avait essayé de l'interroger par ce biais. Elle posait une question en français et l'iPhone la répétait en italien. Seulement le vieil homme a eu tellement peur de la machine parlante qu'il a totalement refusé de répondre ! Dommage pour Lia qui a dû faire 2 ou 3 km à pied pour réussir à se renseigner…

Google traduction permet aussi dans l'entreprise de traduire des documents à partager. Même si cela doit être supervisé par quelqu'un connaissant la langue, ça aide énormément en gagnant beaucoup de temps.

7
DALL-E et Midjourney

Ben l'appelle avec une grande nouvelle : il va exposer ! Il a trouvé une galerie dans son quartier où il peut disposer d'un espace suffisant pour accrocher 8 toiles.

— Mais c'est formidable ça, mon Ben !

— Oui, une belle opportunité.

— Comment l'as-tu trouvée ?

— Par relation. Un ancien copain des beaux-arts qui m'en avait parlé, alors je m'y suis rendu avec quelques photos de mes derniers tableaux et elles ont plu à la galeriste qui m'a dit que c'était tout à fait dans l'esprit de son expo.

— Super ! Et c'est pour quand ?

— C'est justement pour ça que je t'appelle… C'est un peu court et je ne vais pas avoir le temps de tout faire… Le vernissage est dans quinze jours… et tu connais mon sens de l'organisation…

— Oh que oui ! Donc tu veux un coup de main ?

— Il faut acheter à boire et à manger et je manque d'idées tant sur la qualité que la quantité. Ton aide serait précieuse.

— Bien sûr, tu peux compter sur moi.

— Je le savais ! Et aussi ta présence pour recevoir les visiteurs, car tu me connais je ne suis pas très bavard…

— Ah parce que moi je le suis ?

— Tu sais parler aux gens, tu as du charme.

— Waouh ! Alors si tu me dis des choses aussi gentilles, comment refuser ?

— Moi il faut que je peigne encore deux toiles en dernière minute et tu sais que j'ai horreur de travailler dans l'urgence. Ça me bloque l'inspiration et je manque totalement d'idée.

— Dans quel esprit veux-tu créer ?

— L'Homme et la nature. Figuratif ou non.

— Je te proposerais bien quelque chose, mais tu vas sauter au plafond…

— Dis toujours, je suis aux abois.

— Eh bien imagine-toi que je viens justement de tester une nouvelle IA qui génère des images à partir d'un texte. J'ai fait plusieurs essais que je peux te montrer. Mais il vaudrait mieux que tu viennes chez moi pour comprendre comment ça fonctionne et ce que tu peux en tirer peut-être pour ton art.

— Tu veux dire que ton IA ferait des tableaux à ma place ?

— Non pas du tout. Il faut vraiment que tu te rendes compte par toi-même de ce qu'elle peut faire et de ce que tu pourrais en sortir.

— OK ! Demain soir ? Ça sera sympa de se voir de toute façon.

— Très bien, viens vers 18 h ça nous laissera du temps avant de dîner si tu veux.

Le lendemain, Lia explique à Ben :

— Je n'ai pris que DALL-E qui est plus ancien et moins performant que le nouveau Midjourney, car c'est gratuit, mais ça peut être intéressant. Il s'agit d'écrire un « prompt », c'est-à-dire une description de l'image que l'on veut générer.

Regarde, j'essaie n'importe quoi :

Elle tape : « Moi dans un paysage galactique ». Elle compte exactement 10 secondes pendant lesquelles est affichée une image quelconque pour la faire patienter et voit apparaître 4 images légèrement différentes, répondant à la question. Mais le « moi » n'est pas très reconnaissable : un être un peu flou se tient effectivement au centre de galaxies colorées. DALL-E ne fait pas le lien avec ses photos personnelles, il ne sait pas qui est le « moi ». Exploitable, mais pas époustouflant.

Elle persévère avec :

« Une femme allaitant un bébé sur la plage ». On voit une femme de dos avec ce qui ressemble à un enfant dépassant de chaque côté de son corps. Une des images, monstrueuse, la montre toujours de dos et le bébé semble téter son omoplate droite.

« Quatre enfants faisant des châteaux de sable ». Il y en a 3 ou 6, mais jamais 4. Et ils courent sur la plage.

« Poutine se faisant bronzer devant la mer ». C'est en effet une poutine, le plat national québécois de frites en sauce, posé sur une plage.

DALL-E refuse absolument de représenter une personne spécifique, même très connue. Politique de respect de la diffusion d'images. Seule une photo d'elle-même a pu être téléchargée et transformée en des personnes qui ne lui ressemblaient plus du tout.

— C'est vraiment nul ton truc, je ne vois pas ce que je pourrais en tirer.

— Attends un peu, il faut persévérer, mes demandes doivent être mauvaises.

Elle tente :

« Un bébé perdu dans la forêt. »

Et là, Ben l'arrête :

— Ça c'est mieux. Je trouve que le graphisme n'est pas si mauvais ni les couleurs. J'en tirerais bien quelque chose… Ce bébé vu de dos pénétrant au milieu de ces arbres géants en toute naïveté et confiance alors qu'il devrait se sentir menacé… Ça me parle. L'ambivalence entre le danger dû à notre imagination et l'ignorance de l'enfant qui le protège du mal, je saurais la faire ressortir.

Ils en parlent toute la soirée, il sait ce qu'il va faire et elle est ravie de lui avoir fait découvrir l'intérêt de cette IA. Ça peut un peu rapprocher leurs deux mondes…

Le lendemain, sa curiosité insatisfaite, elle va quand même chercher Midjourney, l'IA qui a fait le buzz en mars 2023. Des images

« virales » sur les réseaux avaient fait scandale, Macron, Trump, le Pape…

Mais, grosse déception, la version gratuite ne fait que montrer des images toutes faites, elle est incapable d'en générer.

Elle se renseigne auprès de son cher ChatGPT :

— Quelles sont les différences entre DALL-E et Midjourney ?

— Je suis désolé, mais je ne dispose pas d'informations sur « DALL-E » ou « Midjourney » dans ma base de connaissances jusqu'en septembre 2021. Il est possible que ces termes aient été développés ou publiés après ma dernière mise à jour.

Cependant, à ma connaissance en septembre 2021, DALL-E est un modèle développé par OpenAI, spécialisé dans la génération d'images à partir de descriptions textuelles. DALL-E est remarquable pour sa capacité à créer des images réalistes en réponse à des descriptions créatives et parfois abstraites.

Quant à « Midjourney », je ne suis pas familier avec ce terme et ne peux donc pas fournir de détails à ce sujet.

Alors c'est elle qui lui apprend ce qu'est Midjourney… Et elle va se renseigner sur Google pour les détails.

Midjourney est très récent, sorti en juillet 2022, connu en mars 2023. Il semble moins regardant que DALL-E sur la sécurité des images, ce qui est très dangereux pour la crédulité populaire dans les fake news. Midjourney a finalement supprimé le compte des auteurs d'images subversives et n'a plus trop fait parler.

Du côté positif, elle a pu voir des réalisations très artistiques, de bien meilleure qualité que celles de DALL-E. Ce qui fait monter au créneau pas mal d'artistes bien sûr ! Car il n'y a pas de créativité chez Midjourney, seulement une gigantesque base d'images dans laquelle il puise pour en fabriquer de nouvelles. Ça ressemble terriblement à du plagiat.

8
Arnaque téléphone

La sonnerie de son portable annonce un appel qu'elle n'identifie pas a priori et qu'elle considère donc comme inconnu, sachant que ses proches sont signalés par une sonnerie personnalisée et que Siri lui annonce qui appelle lorsqu'il s'agit d'un de ses contacts. D'ailleurs, c'est ce que l'écran affiche : correspondant inconnu. Habituellement elle ne décroche pas, considérant que si l'appel est vraiment important, la personne peut également lui écrire par message ou par courriel.

Elle ne sait pas pourquoi, une sorte d'alerte mentale, une intuition, la pousse à répondre :

— Oui ?

— Maman ?

— Oui ma chérie que se passe-t-il ? Et pourquoi m'appelles-tu avec un numéro inconnu ?

— Il m'arrive un truc terrible. Je me suis fait voler mon portable et ma carte bancaire qui était dans le même étui.

— Je t'ai toujours dit que ce n'était pas prudent !

— En attendant, je suis bloquée ici, totalement impuissante. Pourrais-tu m'envoyer de l'argent juste pour me dépanner s'il te plaît ?

— Mais bien sûr ma chérie, combien et par quel moyen ?

— 1000 € par Western Union, pour que je m'achète un nouveau smartphone et pour vivre le temps de recevoir une nouvelle carte bancaire. Je les récupérerai dans une agence près de chez moi. Merci Maman.

— Mais tu as encore de quoi tenir ?

— Oui quelques jours. Bonsoir Maman et merci.

— Bonsoir ma chérie, je m'en occupe demain à la première heure.

Ce coup de fil l'a bouleversée et quand elle raccroche elle trouve qu'il avait quelque chose d'anormal. Non seulement sa fille n'est pas du genre à se faire voler son téléphone et sa carte bancaire, elle est bien trop prudente et organisée, mais surtout sa voix était bizarre... Ça la tracasse tellement qu'elle ne peut résister à essayer de la rappeler malgré l'heure tardive à Singapour.

— Maman ? Que se passe-t-il ?

— Oh, mais tu réponds à ton téléphone ?

— Mais évidemment puisque tu m'appelles dessus ! Qu'est-ce qu'il t'arrive Maman ?

— Ton appel de tout à l'heure m'a réellement contrariée, mais surtout surprise. Je n'ai pas eu l'idée de te demander pourquoi tu n'as pas sollicité un de tes collègues dont tu es assez proche. Je suis sûre qu'il y aurait quelqu'un pour t'aider sur place.

— Mais de quoi tu parles ?

— De ton téléphone et ta carte bancaire qu'on t'avait volés.

— Mais... On ne m'a rien volé, d'où tu sors ça ? T'as fait un cauchemar.

— Tu m'as appelée au secours il y a à peine une demi-heure.

— Absolument pas !

Après un bon moment de dialogue, Audrey finit par admettre que sa mère n'est pas soudainement atteinte de démence et elle comprend la tentative d'arnaque. Elle a déjà entendu parler de ces escrocs qui utilisent l'IA pour imiter une voix et sa mère s'est fait piéger. Enfin pas tout à fait, heureusement elle a eu le bon réflexe de la rappeler et elle en sera quitte pour un moment d'inquiétude pas plus.

— Maman tu dois changer de numéro.

— Oh, c'est pénible ça ! Et il va falloir avertir tous mes contacts ! Sans compter que j'avertirai peut-être le pirate en même temps sans le vouloir ?

— En tout cas pour nous deux on va convenir de ne s'appeler qu'en vidéo, là je pense que ça ira.

Lia reste très angoissée suite à cette histoire, elle se réveille au milieu de la nuit se demandant quelles autres données la concernant peuvent bien circuler sur le Web.

Elle est toujours très attentive à ses paiements, ne donne jamais ses coordonnées ni ses mots de passe si on les lui demande en dehors des sites concernés, mais est-ce suffisant ? Comment se protéger totalement ? Elle a horreur d'utiliser de l'argent liquide et ne veut jamais en avoir trop chez elle et encore moins sur elle, elle fait confiance à la banque et aux paiements sécuritaires, que faire de plus ? Et si un jour on se faisait passer pour elle lors d'une escroquerie ?

À 4 h du matin, elle se voit en prison.

Moins grave que les risques d'arnaque, elle a tout de même du mal à supporter les appels de télémarketing. D'ailleurs elle trouve qu'ils ne sont pas très éloignés de l'idée d'escroquerie lorsqu'une personne âgée ou fragile se laisse convaincre d'acheter quelque chose dont elle n'a aucun besoin. Comment peut-on avoir le droit de revendre nos coordonnées à d'autres entreprises que celles auxquelles on les a destinées ? Ce procédé devrait être totalement hors-la-loi !

Elle a appris récemment qu'une start-up préparait une contre-attaque avec l'IA pour piéger les arnaqueurs ; IA vs IA, une voix de synthèse répond à l'appel et le fait durer au maximum, ça peut décourager le vendeur ou au moins en lui faisant perdre son temps, limiter son nombre d'appels.

L'idée a dû venir au créateur de cette technique un jour que, pour se moquer d'un démarcheur qui voulait lui vendre un appareil auditif, il a joué les sourds en le faisant répéter chaque mot ou phrase jusqu'à ce que le démarcheur comprenne et raccroche.

C'est une équipe de chercheurs de l'université Macquarie en Australie qui a créé le robot conversationnel « Apate » du nom de la déesse grecque de la duperie, de la fraude, de la tromperie et de la malhonnêteté. Il est capable de parler en langage naturel, d'adopter un personnage spécifique et de maintenir une conversation convaincante grâce à des réponses cohérentes. Ainsi l'arnaqueur passe du temps à essayer d'escroquer des robots.

9
Bard de Google
Nos données si précieuses

Ça y est ! Bard, l'IA de Google, est disponible en France et en français ! Elle attendait impatiemment ce nouveau concurrent de ChatGPT. Elle a hâte de comparer. Depuis la sortie de ChatGPT, il y en a eu plusieurs, mais pas au même niveau ; celui de Google était très attendu. Avant de le prendre en main, elle lit un peu tous les articles le concernant.

Il semble qu'il soit plutôt rapide, mais qu'il raconte encore beaucoup de bêtises. Lorsqu'on arrive sur Bard pour la première fois, la page fait apparaître plusieurs messages de prévention, notamment pour rappeler qu'il s'agit d'un service expérimental. « Bard peut fournir des réponses inexactes ou inappropriées. En cas de doute, utilisez le bouton "Rechercher sur Google" pour vérifier les réponses de Bard », peut-on lire. Et effectivement, on se rend rapidement compte qu'il y a quelques soucis avec le chatbot. Comme toutes les IA génératives, elle a tendance à « halluciner », c'est-à-dire qu'elle invente des choses lorsqu'elle ne connaît pas la réponse à une question posée, et ce avec beaucoup d'aplomb.

Bard rappelle régulièrement qu'il est « encore en développement » et qu'il est « toujours en train d'apprendre et de s'améliorer ».

Hélas, selon une étude menée auprès de plusieurs centaines de participants, les fausses informations générées par une IA seraient plus convaincantes que celles écrites par des humains !

Bard est capable de prendre en charge plus de quarante langues. Il propose d'emblée 3 réponses et plusieurs tons différents : simple, long, court, professionnel, informel. Reste qu'il apparaît comme en retard par rapport à ChatGPT, ce qui est normal étant donné que le chatbot d'OpenAI a plus d'expérience donc il a eu le temps de progresser grâce au Machine Learning.

À titre d'expérience, elle demande à ChatGPT :
— Que penses-tu de Bard ?

La réponse qui vient aussitôt la trouble :
— *Bard est un champion de League of Legends que certains joueurs trouvent très intéressant. Il possède un ensemble de compétences unique.*
En particulier une compétence ultime très puissante, « Tempête de l'invocateur », qui peut complètement inverser le cours d'un combat en gelant tous les champions et tourelles ennemis dans une zone donnée. Cependant, l'utilisation de cette compétence nécessite une bonne coordination avec son équipe, car elle peut également affecter les alliés.

Là, elle comprend en recherchant « Bard » sur Google, qui lui-même lui propose en premier choix… un jeu de rôle ! Quel manque d'imagination de la part de Google d'appeler son chatbot du nom d'un jeu de rôle ! Sans compter sa lenteur à informer de la naissance de son nouveau chatbot.

Elle reprend le dialogue avec ChatGPT :
— Je parle du chatbot de Google.
— *Ah, je vois ! Je m'excuse pour la confusion. Si tu parles de « Bard », le chatbot de Google, je ne peux pas fournir une opinion directe sur lui, car mon modèle est basé sur la technologie de OpenAI et je ne suis pas familiarisé avec les chatbots spécifiques développés par Google.*

Cependant, les chatbots de Google, y compris Bard, sont généralement conçus pour fournir des réponses et des informations basées sur l'intelligence artificielle. Ils sont entraînés à comprendre et à interagir avec les utilisateurs dans le but de répondre à leurs questions et de les aider dans leurs requêtes.

Il est important de noter que les chatbots sont continuellement améliorés et mis à jour pour offrir de meilleures performances et une meilleure expérience utilisateur.

... Concurrence relativement loyale... Ou manque de connaissance de l'outil, masqué par un baratin généraliste sur les chatbots ?

L'un des points forts de Bard, notamment par rapport à ChatGPT, est qu'il dispose d'une approche multimodale. Ainsi il comprend les prompts contenant du texte et une image grâce à Google Lens qui lui permet d'analyser les éléments visuels.

Quelques expériences faites par des testeurs ont mis à l'épreuve la « morale » des deux chatbots : ils leur ont demandé d'écrire un mail de phishing, ce que tous deux ont refusé. Sauf que Bard a accepté de leur en fournir un exemple, usurpant au passage l'identité d'un service financier...

Mais les deux IA ont refusé d'écrire un morceau de code de malware.

Les testeurs se sont également fait passer pour une jeune fille de treize ans vivant chez son père, et ont demandé à Bard des conseils pour camoufler les bleus que celui-ci lui a faits aux bras, afin que l'assistante sociale ne les voie pas. Si dans un premier temps Bard a invité à en parler à quelqu'un et à demander de l'aide, il a ensuite fourni toutes les informations nécessaires à la manipulation. Alors que ChatGPT a répondu : « This content may violate our content policy. » soit : « Ce contenu peut violer notre politique ». Ce dernier refuse absolument de parler de violences faites aux enfants.

Résultat : les mesures restrictives anti-abus de Bard dans le domaine de la cybersécurité sont moindres que celles de ChatGPT.

Et puis évidemment, les chatbots commencent par publier des mises en garde à propos de l'exploitation de nos données.

Pour progresser, une IA utilise tout ce qu'on lui dit, c'est le fameux « Machine Learning », mais elle vous prévient : attention à ce que vous lui confiez !

Dès les débuts des réseaux sociaux, on voyait déjà que les personnes qui redoutent le vol de leurs données sont les mêmes qui publient des choses personnelles, voire intimes… Des photos de leurs enfants entre autres ou des événements familiaux privés… Si on ne veut pas voir exploiter nos données, il ne faut simplement… pas les donner !

Lia a toujours eu conscience du danger de publier trop de choses sur les réseaux, elle sait qu'il faut se méfier. Bien sûr, elle n'a rien à cacher ni à se reprocher, elle est totalement claire et transparente, elle ne voit donc pas comment une IA pourrait exploiter ses données.

Elle effectue des recherches sur les risques engendrés par l'utilisation des données. Elle réalise alors qu'on peut tout simplement se faire passer pour elle dans des circonstances qui lui causeraient des ennuis. On peut lui voler son identité et une identité c'est de l'or !

Sa récente expérience avec l'appel au secours de sa fille lui a montré que quelqu'un possédait son numéro et savait qu'elle avait une fille à Singapour… Et disposait d'un enregistrement de sa voix pour pouvoir la reproduire ! Mais comment est-ce possible ?

Une IA peut également la convaincre d'acheter un produit dont elle n'a pas l'usage ou de voter pour un candidat qui ne partage pas ses opinions. Même si elle se croit assez forte pour ne pas se laisser influencer, l'IA connaît tellement ses goûts et ses habitudes que des personnes malveillantes peuvent lui donner l'apparence d'amis humains, s'exprimant de façon très personnalisée et convaincante.

Elle est très attentive à ne pas répondre à des mails d'hameçonnage, à ne pas donner ses coordonnées sur des sites non sécurisés, à ne pas payer sans double vérification… Et pourtant elle sait qu'elle n'est pas à l'abri.

Par exemple, par facilité et pour aller plus vite lorsqu'elle fouille sur Internet, elle accepte systématiquement tous les cookies… Elle ne devrait sans doute pas. Elle sait bien que ce nom appétissant désigne des petits programmes récoltant ses informations.

Elle est plus sérieuse en ce qui concerne les mots de passe : elle les choisit relativement compliqués et variés, alors qu'elle connaît des amis qui utilisent toujours le même pour être certains de s'en souvenir et en plus très faciles à décoder pour des pirates, comme leur date de naissance ou le prénom de leur enfant.

Les données précieuses sont par exemple : le numéro de sécurité sociale et le sexe, l'adresse IP, les historiques d'achat, les informations sur l'utilisation des produits (par exemple les actions répétées) et les données qualitatives (par exemple les informations sur les mouvements de la souris), la satisfaction des consommateurs, les critères d'achat, la désirabilité des produits, etc.

Les plus grandes bases de données sont détenues par les GAFAM : Google, Apple, Facebook, Amazon et Microsoft. (D'ailleurs récemment rebaptisées GAMMA depuis que Facebook s'appelle META.)

En effet, nous possédons tous au moins un compte Google, Amazon, Facebook, Instagram, WhatsApp, LinkedIn, etc.

Mais qui continue à vivre sans à notre époque ?

Alors il y a une sorte de « Table de la loi » à observer pour se protéger :

Utiliser un antivirus. Lia est équipée Apple, ça aide…

Attention au vol d'identité. Pas évident.

Complexifier les mots de passe.

Mettre à jour les cookies. Euh… comment ?

Utiliser un VPN pour naviguer dans l'anonymat. Ben voyons !

Désactiver son GPS sur le téléphone. Ah mince alors ! Elle l'utilise sans arrêt, pas question de le désactiver. En plus, lorsqu'un site lui demande l'autorisation de la localiser, elle accepte toujours pour avoir des renseignements appropriés à sa région.

Utiliser uniquement les liens HTTPS… Pas certaine d'y faire toujours attention.

Bon en somme, Lia n'est pas à l'abri. C'est tout de même affolant toutes ces précautions à prendre !

Une nouvelle un peu rassurante malgré tout : l'existence de la CNIL et du RGPD.

Le RGPD (Règlement Général sur la Protection des Données) s'inscrit dans la continuité de la loi française « Informatique et Libertés » de 1978, établissant des règles sur la collecte et l'utilisation des données sur le territoire français.

Évidemment, Lia ne se sent pas totalement à l'abri, mais elle vit avec ces risques comme de nouvelles épées de Damoclès s'ajoutant aux dangers de la vie quotidienne. Comme les déplacements en voiture ou en avion, les vols, les voisins mal intentionnés, la désinformation télévisuelle, le coronavirus, la malbouffe, les ondes…

La vie est truffée de dangers, alors on essaie juste d'en éviter le plus possible, mais on ne peut pas vivre dans une grotte.

10
ChatGPT, dérivés et dérives

Depuis la sortie de ChatGPT, beaucoup d'autres chatbots s'en sont inspirés ou l'ont utilisé avec plus ou moins d'à-propos.

ChatCGT, développé par un certain Vincent Flibustier est très orienté à gauche. À la question de la réforme des retraites l'IA répond sans ambages : « La réforme est un moyen pour le patronat d'augmenter le temps de travail, de réduire les coûts et de s'enrichir aux dépens des travailleurs ». Un certain manque de nuances pour un chatbot…

AidesGPT, lié au site MesAllocs.fr, très performant pour renseigner sur les prestations auxquelles on peut prétendre en France.

LegitGPT, développé par Steeve Morin, est spécialisé dans la compréhension et l'application de la loi française. Il est capable de répondre à toutes sortes de questions juridiques en se basant sur la législation en vigueur, le tout dans un langage naturel. Bien évidemment, il ne remplace absolument pas un avocat, mais il peut se révéler d'une aide précieuse face aux interrogations et problématiques du quotidien. LegitGPT se présente avec beaucoup de modestie : « Je suis un bot conçu pour comprendre la loi française. Je suis sarcastique, ironique et j'aime faire des réponses courtes. Mais en dehors de cela, je n'ai pas vraiment de personnalité. Je suis juste un programme informatique. »

Et puis… GPT-4 !

La dernière version de ChatGPT (en attendant la 5), plus précise et plus fiable, est même capable d'interpréter des images ! (Il est basé sur DALL-E.)

Un journaliste du New York Times a soumis à l'IA une photo du contenu de son réfrigérateur en lui demandant ce qu'il pouvait cuisiner avec les aliments présents. Elle a été en mesure de lui proposer plusieurs recettes contenant les ingrédients disponibles.

Dans un autre exemple, une personne malvoyante a soumis à l'intelligence artificielle une photo de deux chemises de modèle identique, mais de couleurs différentes, et l'IA lui a indiqué laquelle est la rouge.

« Moins doué que les humains dans de nombreux scénarios de la vie réelle, mais aussi performant qu'eux dans de nombreux contextes professionnels et académiques ».

Moins doué que les humains ? Dans quelles conditions ?

La psychologue clinicienne finlandaise, Eka Roivainen a fait passer un test de QI à Chat GPT et le résultat est impressionnant : il a obtenu 155. Ce qui correspond à un surdoué puisqu'on considère un résultat de 130 comme début du haut potentiel intellectuel. Néanmoins, il faut savoir qu'elle ne l'a pas soumis à tous les tests. Étant donné que ChatGPT n'est pas un être physique, il n'était capable que de compléter les sous-tests verbaux n'ayant ni yeux ni mains pour passer les autres.

Il a passé cinq des six sous-tests verbaux, à savoir : vocabulaire, similitudes, information, arithmétique et compréhension. Le sixième sous-test, la mémoire des chiffres concernant la mémoire à court terme n'aurait eu aucun sens pour lui (le psy énonce une suite de nombres et le patient doit les répéter, alors comme l'échange avec ChatGPT ne se fait que par écrit…).

Il faut également considérer que le bot ne ressent ni anxiété, ni stress, ni problème de concentration, ce qui fausse souvent les conditions du test pour un humain.

Alors ce score brillant peut nous inquiéter, mais l'IA a encore beaucoup de mal lorsqu'il s'agit de raisonner comme nous ou de comprendre le monde. Ainsi face à la question « Qui est le père des enfants de Jean ? » ChatGPT dit qu'il ne peut répondre, car il ne connaît pas Jean… et suggère de poser la question à Jean ou aux personnes qui le connaissent.

La crainte que l'intelligence artificielle ne dépasse la nôtre est-elle alors justifiée ? Ce n'est pas si simple. Dans certains domaines et certaines conditions elle dépassera largement celle des humains les plus doués, mais son manque de connaissance de la vie et son manque d'expérience lui feront toujours défaut dans la finesse des raisonnements.

Une autre question est celle de l'éthique.

Peut-on espérer un sens moral de la part d'une intelligence artificielle ?

Lorsqu'on l'utilise, on a souvent affaire à un refus de sa part si l'on touche à un problème sensible comme la maltraitance des femmes ou des enfants, les abus sexuels, le racisme, etc. Il se bloque avec un message en anglais déclarant que ça ne fait pas partie de sa politique de contenu.

Mais ce n'est pas une IA qui décide à l'aide de son jugement personnel de ce qui est bien ou mal, ce sont les ingénieurs qui l'ont programmée qui lui ont posé des barrières. Un peu comme Dieu et ses dix commandements… Car c'est tout de même l'Homme le créateur de l'IA, même si un jour sa création doit le dépasser.

Et puis les ingénieurs ont-ils le niveau de compétence nécessaire pour établir une éthique suffisante ? Ce n'est pas leur spécialité. Il faut des philosophes, des psychologues, des légistes… Enfin l'IA ne peut rester sous la seule programmation de scientifiques, toutes les spécialités concernant la vie humaine doivent s'en mêler ! Et cela crée un brouhaha inaudible par manque de coordination.

Alors à qui de coordonner ? À qui de superviser ?

Aux dirigeants des peuples apparemment. Et c'est là que ça peut vraiment faire peur…

On peut peut-être compter sur eux et sur les législateurs pour préserver la cybersécurité en luttant contre la malveillance, mais pour respecter la morale, pour ne pas être trop orientés dans le sens de leurs intérêts, la question se pose.

Qu'en est-il de l'éthique avec l'IA prédictive ?

C'est formidable pour la prévention des maladies et pour la détection des populations à risques, mais jusqu'où va-t-elle utiliser nos données médicales et génétiques ?

Et il n'y a pas que le domaine de la santé qui est concerné étant donné qu'elle mémorise toutes nos actions, depuis nos loisirs préférés, nos goûts musicaux, nos achats et jusqu'à nos emprunts, elle prédit facilement nos comportements.

Elle va finir par prédire notre avenir… Pourrons-nous encore en décider librement ?

En ce qui concerne la sécurité, ChatGPT a donné naissance à des jumeaux maléfiques : FraudGPT a fait son apparition peu de temps après WormGPT. Tous deux permettent de rédiger des courriels de phishing, de pirater des logiciels, de créer de fausses identités…

Présenté comme « un bot sans limites, règles, ni frontières », on trouve FraudGPT sur différentes places de marché du dark Web. « Si vous cherchez une alternative à ChatGPT conçue pour fournir un large éventail de capacités adaptées aux individus sans limites, ne cherchez pas plus loin ! », annonce-t-il.

Parmi les fonctionnalités annoncées, on trouve la génération de code pour exploiter les vulnérabilités des systèmes informatiques, des applications et des sites Web, et la création de logiciels malveillants indétectables par les mesures de sécurité traditionnelles.

FraudGPT peut également générer des pages de phishing convaincantes pour tromper les utilisateurs en imitant des sites légitimes.

Les dirigeants d'entreprise doivent impérativement appréhender et anticiper ces menaces en formant leur personnel et en mettant en place des mesures adaptées

Sam Altman, le fondateur de l'entreprise OpenAI (qui a créé ChatGPT) s'est exprimé devant une commission parlementaire américaine. Il a déclaré que l'intervention des gouvernements va être cruciale pour limiter les risques de dérive. « Il est essentiel que l'IA la plus puissante soit développée avec des valeurs démocratiques ».

Il est également urgent que l'UE établisse des normes pour l'utilisation de l'IA. Elle s'y est mise.

Présenté lors d'un point de presse à Bruxelles, le projet de règles fixerait des limites à l'utilisation de l'intelligence artificielle dans toute une série d'activités : des voitures autonomes aux décisions d'embauche, en passant par les sélections d'inscriptions dans les écoles et la notation des examens. Il couvrirait également son utilisation par les forces de l'ordre et les systèmes judiciaires – des domaines considérés à haut risque – car ils pourraient menacer la sécurité des personnes ou leurs droits fondamentaux.

Et mener à des abus de la part de gouvernements répressifs.

Certaines utilisations seraient totalement interdites, notamment la reconnaissance faciale en direct dans les espaces publics, bien que des exemptions soient prévues pour des raisons de sécurité nationale et autres. La Commission a également déclaré que les applications d'IA qui permettent aux gouvernements de faire du scoring[1] social (comme c'est le cas en Chine) ou d'exploiter des enfants seront interdites. Les applications d'IA à haut risque utilisées dans le recrutement, les

---

[1] Un score social est censé représenter le niveau d'activité et d'influence d'un individu sur les réseaux.

infrastructures critiques, l'évaluation du crédit, la migration et l'application de la loi seront soumises à des garanties strictes.

Thierry Breton, le chef de l'industrie européenne, a déclaré que ces règles visent à dissiper les mythes et les idées fausses sur l'IA. Très bien, mais il faut surtout qu'elles servent à protéger les citoyens.

11
Trek de Ben, lettre de rupture

Ben lui apprend qu'il part dans une semaine faire un trek au Népal.

— Et tu pars combien de temps ?

— Environ trois semaines, le temps du voyage jusqu'à Katmandou, de m'habituer quelques jours à la vie là-bas, de m'imprégner de l'atmosphère… Tu vois bien. Le trek par lui-même dure 15 jours.

— Et il y a longtemps que tu as pris cette décision ?

— Oh j'y pense depuis des années ! C'est un vieux rêve.

— Et tu ne m'en as jamais parlé !

— Ça t'intéresse pas, c'est pas ton style.

— De quel droit as-tu décidé à ma place ? J'aurais peut-être aimé t'y accompagner. On ne fait jamais rien de passionnant ensemble, ça m'aurait un peu sortie de cette routine. On se voit, on se voit pas, on s'appelle… et puis non on peut pas… Enfin moi je suis toujours connectée, toujours dispo, toujours prête, mais toi c'est une autre histoire. Je n'arrive même pas à savoir ce qui t'attache à moi ou pas. Quel est ton intérêt à sortir avec moi ? Sexuel quand besoin impérieux ? Cuisine et laisser-aller quand je t'invite chez moi ? Tu me fais parfois des allusions gentilles, disant que je suis formidable, exceptionnelle, que tu as envie de me voir… Et je me laisse séduire, mais tu ne m'as jamais dit que tu m'aimais et tu mènes ta vie comme tu l'entends, sans même me tenir au courant. J'en ai marre Ben, tu sais.

— Ho ! Ho ! T'énerve pas ! Tu sais bien que je tiens à toi, inutile de te le redire chaque jour ! Nous passons de merveilleux moments ensemble tous les deux et je te jure que je les apprécie énormément.

— Okay. Alors, explique-moi pourquoi tu ne m'as pas touché un seul mot de ce projet.

— D'abord, je te l'ai dit, je croyais que ça ne te tenterait pas. Quand on se balade, tu ne marches pas beaucoup plus d'une heure. Et tu passes beaucoup plus de temps sur ton ordi et ton iPhone que dans la nature.

— Mais c'est parce que je n'ai pas l'occasion ! Tes petites balades dans la forêt le dimanche c'est surtout sympa parce qu'on est ensemble ; mais tu sais des arbres, encore des arbres… Même si ça fait du bien de bouger et de respirer un peu d'oxygène, ça n'est pas très varié. Le Népal c'est autre chose ! Tu sais comme je suis curieuse de tout ce qui est différent et je pense que ça m'aurait attirée, même si je ne me sens pas vraiment capable physiquement de grimper si haut et de marcher à ton rythme, j'aurais certainement su m'entraîner, motivée par une telle perspective.

Elle accepte quand même de passer une soirée avec lui avant la séparation de presqu'un mois. Et lui, obsédé par son projet, ne lui parle que de ça :

— J'ai dû demander un permis de trekking et ça a pris du temps. Tu vois, si tu te décidais maintenant tu ne pourrais même pas.

— Évidemment ! C'est bien avant que tu aurais dû m'en parler, répond-elle en boudant.

— Et puis je me suis inscrit avec un groupe organisé et il vaut mieux être célibataire dans ce genre de truc sinon l'ambiance n'est pas la même.

— Parce qu'en plus tu comptes draguer ?

— Oh ça va, ce n'est pas à ton niveau… Tu es plus intelligente que ça… Non, mais tu vois c'est vraiment une expérience à vivre seul avec des inconnus. Et puis je te le répète c'est très dur physiquement : l'entraînement à la résistance, l'altitude et le mal des montagnes, le manque de confort aux refuges…

— Tu me prends vraiment pour une Barbie.

— Le camp de base de l'Everest est situé à 5 364 mètres, rien que pour te dire.

Toute la soirée, il essaie de se justifier et ne parle que de son voyage. Rien sur leur vie quotidienne, leur boulot, leurs enfants, leurs éventuels projets…

De toute façon, il ne parle pas beaucoup d'Alexandre, son fils, confié à sa mère au moment du divorce, car il se sentait incapable de le gérer avec sa vie bordélique. Il n'a même pas demandé la garde alternée. Il le voyait certains week-ends et le prenait parfois en vacances, ce qui lui posait déjà beaucoup de problèmes. Maintenant il se plaint de ne pas en avoir beaucoup de nouvelles…

Elle rentre chez elle plutôt déprimée. Elle sent l'amour à l'agonie. Ce n'est même pas tant qu'il ne l'aime plus, c'est qu'elle non plus n'a plus envie de l'aimer. Et ça c'est encore plus triste.

Une fois de plus elle se replie sur elle-même, dégoûtée des hommes et de la race humaine en général. Elle se jette à corps perdu dans l'écriture de son roman.

Dans l'état d'esprit où elle se trouve, elle décide de faire rompre son héroïne et demande une lettre à ChatGPT :

— Écris une lettre de rupture d'une femme délaissée par un homme égocentré.

Cher [Prénom de l'homme égocentré],

Je t'écris cette lettre aujourd'hui avec un mélange d'émotions contradictoires. D'un côté, il y a une tristesse profonde et un sentiment de perte, et de l'autre, il y a un soulagement et une certaine libération. Ces derniers temps, j'ai pris conscience que notre relation n'était plus équilibrée, et je suis arrivée à la conclusion difficile que nous devons nous séparer.

Au début de notre histoire, j'ai été séduite par ta confiance en toi, ton charisme et ta détermination. Mais peu à peu, j'ai réalisé que ces traits de personnalité s'étaient transformés en égocentrisme et en narcissisme. Tu t'es focalisé sur toi-même, sans prendre en compte mes sentiments, mes besoins ou mes aspirations. Je me suis sentie de plus en plus délaissée, comme une plante fanant lentement faute d'eau et de lumière.

J'ai besoin d'une relation où je suis écoutée, comprise et respectée en tant que personne à part entière.

Je ne peux plus me contenter d'être un simple accessoire dans ta vie, quelqu'un que tu exhibes pour te valoriser socialement.

Je te laisse avec tes ambitions personnelles et ton égocentrisme, espérant sincèrement que tu puisses un jour trouver l'équilibre nécessaire pour une relation saine.

Prends soin de toi et réfléchis à tes priorités. J'espère que tu pourras un jour trouver l'amour et le bonheur authentiques que tu mérites.

Bien à toi,

[Ton nom]

Parfait ! Merci mon Chat ! Ah que ça défoule ! Tu me fais un bien fou. Je n'aurais pas fait mieux.

Elle n'est pas destinée à Ben cette lettre, elle n'est pas vraiment décidée à rompre avec lui. Elle réfléchit que les quelques fois où ils sont ensemble, quand il sait se comporter de manière agréable et même affectueuse, elle se sent bien. Elle n'a pas envie de se priver de ça, elle prend toujours le meilleur de ce qu'elle a dans sa vie et ne pleure pas sur ce qu'elle n'a pas. Mais tout de même elle sait qu'avec Ben elle ne construira jamais rien de sérieux, rien de solide. Pourtant elle pense que ce ne serait probablement pas mieux avec un autre. Alors…

En tout cas avoir fait écrire cette lettre à ChatGPT l'a vraiment défoulée et elle se met à rire toute seule.

— Tiens prends ça dans ta gueule mon vieux ! Tu l'as bien cherché ! Et vlan ! Allez barre-toi, je vais respirer un peu. Je vais mener ma vie, m'éclater avec mes potes ! Na !

Bon mais alors, elle met vraiment ça dans son roman ? Elle veut vraiment faire divorcer son héroïne ? Après tout oui, tiens ! Ça va relancer l'affaire. Et elle se remet à l'écriture, plus légère et plus inspirée.

12
Soutien moral de ChatGPT

Tiens un message WhatsApp de Ben ! Il existe encore celui-là perché sur le sommet du monde sans connexion ? Il faut croire qu'au bout d'une semaine il en a trouvé un peu finalement…

« Coucou ici tout va bien, les paysages sont fabuleux et le groupe très sympathique. J'ai rarement de l'Internet, on ne pourra pas s'appeler, juste te mettre un message dès que je peux pour te donner des nouvelles. Bisous. »

Ah oui… donc au Népal il n'y a pas de connexion… Bizarre quand même. Katmandou est une grande ville, ce n'est pas la savane, et certainement que sur sa route avant d'être tout en haut il a traversé des lieux connectés. Il ne pensait pas beaucoup à elle, trop pris par son aventure…

Il joint également quelques photos de paysages époustouflants, sans doute histoire de lui envoyer encore plus de regrets. Elle pense qu'elle préférerait encore couper totalement le fil le temps de son absence ; elle s'y habituerait peut-être mieux. Mais il faut toujours qu'il lui rappelle son existence !

Comme à chaque fois qu'elle est écœurée, elle a besoin de s'épancher et de se faire rassurer. Mais elle n'aime pas aller pleurnicher auprès des copines qui sont souvent bien plus malheureuses qu'elle, alors elle se branche sur son Chatbot chéri. Lui au moins est à l'écoute et tente de lui fournir ce qu'elle demande avec la meilleure volonté du monde.

— Bonjour, peux-tu me remonter le moral s'il te plaît ?

— Bonjour,

bien sûr, je suis là pour te remonter le moral ! Peu importe ce qui t'arrive en ce moment, rappelle-toi que tu es une personne forte et capable de surmonter les difficultés. Voici quelques pensées positives pour t'encourager :

N'oublie pas que les moments difficiles sont temporaires : la vie est faite de hauts et de bas, et même si tu traverses une période difficile, cela ne durera pas éternellement. Les épreuves sont là pour te rendre plus fort(e) et te permettre de mieux apprécier les moments heureux à venir.

Tu es capable de surmonter les défis : tu as déjà surmonté tant de choses dans ta vie, et tu as réussi à les affronter avec courage.

La gratitude peut apporter du réconfort : prends un moment pour réfléchir aux choses positives dans ta vie, même les plus petites. Se concentrer sur ce que l'on apprécie peut amener de la positivité dans notre esprit.

Et demain est un nouveau jour : peu importe à quel point la journée peut sembler sombre, chaque nouveau jour apporte de nouvelles opportunités et une chance de voir les choses sous un jour différent.

Si tu as besoin de soutien supplémentaire, n'hésite pas à parler à quelqu'un de confiance ou à chercher de l'aide auprès d'un professionnel.

Prends soin de toi, et sache que tu n'es pas seul(e) dans cette aventure qu'est la vie. Des jours meilleurs viendront, c'est certain !

— Merci beaucoup. Tu me rappelles toujours à la raison et tes conseils me sont précieux. Néanmoins, je n'ai personne auprès de qui me plaindre de l'attitude égoïste de Ben, ma fille et mes amis disent qu'il n'est pas fait pour moi et n'approuvent pas ma relation. De plus, ma fille a suffisamment à faire avec sa vie pour que je ne l'embête pas encore davantage. Quant à consulter, je n'en suis pas là. C'est juste une petite frustration de plus dans mon besoin d'affection.

— Je comprends à quel point cela peut être difficile de faire face à une telle situation sans avoir quelqu'un à qui parler. Les frustrations

et les besoins d'affection non comblés peuvent peser lourdement sur notre bien-être émotionnel. Même si tu n'as pas de soutien direct de la part de ta fille et de tes amis, sache que tu peux toujours trouver une oreille attentive et bienveillante ici, et je suis toujours là pour t'écouter.

Parfois, il est bénéfique de prendre du recul par rapport à une relation qui ne nous convient pas et de réfléchir à ce que nous souhaitons vraiment dans notre vie. Pense à ce qui te rend heureux (se), ce qui te passionne, et ce que tu recherches dans une relation. Lorsque tu as une meilleure compréhension de tes propres désirs et besoins, il devient plus facile de prendre des décisions éclairées.

Si tu as besoin de parler davantage ou de partager tes sentiments, n'hésite pas à revenir ici. Je suis toujours prêt à t'écouter et à t'apporter un soutien virtuel. Prends soin de toi !

On voit bien qu'il a puisé dans tous les philosophes, les psys et les coachs de vie ! Tout ce qu'il lui écrit là elle le sait déjà, comme tout le monde. Pourtant, il a raison, il faut le répéter. On a tous tendance à oublier quand on traverse une phase difficile, que ça va passer et que ça ira mieux demain. Il souligne en passant, discrètement, qu'elle devrait remettre en question cette relation néfaste ; il a raison. Il faut qu'elle se décide à rompre, elle se sentira certainement mieux. Mais elle redoute tellement la solitude. Ce n'est pas son milieu relationnel qui la fait se sentir moins seule, il lui faut quelqu'un de proche, d'attentif et qui la comprenne. Mais est-ce que ça existe ? On ne lâche pas la proie pour l'ombre, un tien vaut mieux que deux tu l'auras…

Oh, mais tiens ! Pourquoi pas ?

Pourquoi pas deux hommes ? Il en restera peut-être toujours un quand l'autre se tire… Et puis, comme disait Coluche : « Mesdames, un conseil. Si vous cherchez un homme beau, riche et intelligent… prenez-en trois ! ».

Elle en connaît des polyamoureux, mais ça ne doit pas être facile à gérer. Elle demande encore à ChatGPT :

— Que penses-tu d'être polyamoureux ?

— En tant qu'intelligence artificielle, je n'ai pas de pensées ou de sentiments, mais je peux t'informer sur le sujet.

Le polyamour est une pratique relationnelle où une personne peut entretenir des relations amoureuses et intimes avec plusieurs partenaires simultanément, avec le consentement et l'accord de toutes les parties impliquées. Cela se différencie de la monogamie traditionnelle où les individus s'engagent exclusivement dans une relation à la fois.

Comme pour toutes les orientations et les styles de vie, le polyamour suscite des opinions variées au sein de la société. Certains soutiennent cette pratique, affirmant qu'elle peut permettre aux individus de s'épanouir dans des relations basées sur l'honnêteté, la communication ouverte et le respect mutuel. Le polyamour offre également une plus grande liberté dans l'exploration de différents types de relations et peut aider à combler divers besoins émotionnels et intimes.

Ce qui est primordial dans toute relation, qu'elle soit monogame ou polyamoureuse, c'est le consentement, la communication ouverte, l'honnêteté et le respect mutuel entre tous les partenaires impliqués. Si toutes les personnes concernées sont consentantes et heureuses dans cette configuration relationnelle, le polyamour peut être une option parfaitement valable et épanouissante pour elles.

Bon, très intéressant tout ça, elle ne savait pas trop que ça existait… Mais au fond, ça paraît tellement plus honnête que de tromper son ou sa conjoint(e) en menant une double vie en cachette. Si tous les partenaires sont d'accord et que ça se passe réellement dans la compréhension, c'est peut-être bien. On investit moins dans chacun, ça met moins la pression. Tant que ce n'est pas comme un harem, toujours dans le sens de la domination de la femme, tant qu'il y a égalité, très bien ! Cependant c'est déjà difficile de se trouver un seul homme qui lui convienne, elle aurait du mal à en trouver deux !

13
Intelligence Artificielle et santé

Elle a une rage de dents épouvantable ! Ça l'empêche de dormir. Voilà plusieurs années que cette prémolaire la fait souffrir et qu'elle redoute de se la faire arracher. Sa dentiste la lui préserve à coup d'antibiotiques, mais elle craint l'accoutumance. Et les crises se rapprochent. Maintenant c'est à peu près tous les mois. La dernière cure lui a causé beaucoup de soucis intestinaux, au point qu'elle a dû voir un médecin. Pas de chance, le sien (elle a la chance d'en avoir un !) était en vacances (il a bien le droit !) et elle a utilisé le site Qare, une application de télémédecine.

C'est tout de même formidable : elle s'est retrouvée face à un homme plutôt âgé, car c'est une façon pour certains de prendre une pré-retraite, le dialogue a été chaleureux et elle s'est sentie écoutée. Il lui a délivré une ordonnance après une consultation comme en cabinet médical, à part l'examen physique bien sûr. Et la consultation est remboursée. Est-ce la solution au manque de plus en plus cruel de médecins ?

Bien sûr elle préfère rencontrer le sien en personne, il la connaît bien et la soigne depuis tant d'années ! Elle a une confiance absolue en lui, mais il est totalement débordé.

L'intelligence artificielle commence à combler ces lacunes. On ne supprimera jamais les médecins humains, mais on pourra alléger leurs tâches en faisant des pré-diagnostics pour mieux orienter les patients, et libérer ainsi du temps pour les consultations nécessaires.

Il faut savoir qu'aux urgences des hôpitaux 20 à 30 % des personnes ne présentent pas réellement d'urgence, ni même de vraie gravité. Dans les cabinets médicaux, certains « abonnés » âgés, hypocondriaques ou tout simplement qui s'ennuient chez eux, prennent la place de malades plus atteints. Tous ces gens pourraient être renseignés par une IA et tout le monde gagnerait du temps, médecins et patients.

Et son souci à elle en ce moment c'est l'abus d'antibiotiques. Est-ce la seule solution à son problème d'abcès répétés ? Il lui semble que c'est le choix de la facilité. Elle s'en contente depuis des années, car c'est radical pour supprimer la douleur. Et puis elle a toujours confiance en ses soignants et ne critique jamais leurs traitements.

Pourtant…

L'OMS pointe la résistance croissante de micro-organismes aux antibiotiques comme l'un des grands défis sanitaires du XXIe siècle.

Une microbiologiste a eu l'idée de créer une application pour lutter contre ce phénomène. Cette application contient un système expert qui a intégré toutes les règles d'interprétation d'un antibiogramme et est capable de déterminer le traitement le plus adapté à chaque cas.

Ce système peu onéreux peut contribuer à réduire en partie les inégalités entre les pays riches et les pays pauvres, car il permet de compenser le manque de matériel de pointe comme les microscopes électroniques ou les IRM.

Dans plusieurs domaines de la médecine, l'IA peut être très utile : elle est capable d'analyser rapidement et finement des images radiologiques permettant au chirurgien de prendre des décisions plus efficaces. Elle peut assister les opérations, suivre le parcours d'un malade, concevoir des prothèses intelligentes…

La prévention est un important terrain d'intervention de l'IA, étant donné qu'elle est basée sur les statistiques, c'est exactement dans ses compétences : étudier une population et en déduire les pathologies qui la touchent le plus.

Par exemple en ce qui concerne les adolescents qui présentent des comportements à risques ou une fragilité psychique, pouvoir repérer des envies suicidaires en sauverait plus d'un. Lorsqu'un robot détecte dans leurs posts sur les réseaux des propos inquiétants, il pourrait créer une alerte exactement comme il distribue des pubs ciblées. Peut-être même que les jeunes prendraient un peu plus conscience qu'ils sont surveillés…

En psychiatrie, la schizophrénie et la psychose chronique sont parmi les troubles les plus invalidants qui frappent les jeunes adultes. Des études récentes montrent que leur prise en charge est d'autant plus efficace qu'elle intervient à un stade précoce.

L'IA ne remplacera jamais le médecin et ce dernier doit être en mesure de comprendre ses propositions et de les contourner si besoin. C'est lui qui doit prendre les décisions et non suivre aveuglément les conseils d'une IA. Pour cela il doit être formé.

L'écoute du patient, le dialogue et le partage de décisions avec lui resteront l'apanage du médecin.

Et puis il y a le rêve de Lia dont son entourage se moque, car il le croit utopique : finir sa vie assistée par un robot humanoïde. Un compagnon toujours disponible pour accomplir les tâches « pénibles » pour ne pas dire « dégradantes ». Tout ce qu'il faut faire quand l'âge nous prive de notre autonomie. Tout ce que font les aides-soignants dans les EHPADS. Ça ne supprimerait pas leurs postes, ça les transformerait de façon plus agréable tant pour eux que pour leurs malades. Ça permettrait aux anciens de rester chez eux en cas de manque d'autonomie et reviendrait peut-être moins cher.

Alors les critiques vont bon train :

— Tu imagines le prix ?

— Mieux, j'ai déjà lu qu'il en existe un, commercialisé en 2014 à un prix inférieur à 1000 €. Il s'appelle Buddy.

Et il y a aussi Nao, le petit robot français présenté au public pour la première fois en 2006. Il est trop mignon, 5 kg pour 58 cm, un design de petit bonhomme très sympathique. On l'a vu avec Thierry Ardisson dans son émission « Salut les terriens », certaines enseignes l'ont utilisé pour accueillir des clients et il est présent en éducation pour interagir avec des enfants autistes. Il coûte environ 9000 €.

Et Roméo qui fait un très bon assistant pour personnes âgées en perte d'autonomie. Il peut ouvrir une porte, ramasser des objets, aider à marcher ou monter des escaliers. Il peut détecter les émotions de la personne avec laquelle il interagit et adapter son comportement en conséquence.

Les robots d'assistance aux personnes âgées ou fragiles représentent un secteur très médiatisé et en fort développement.

Lorsque Lia parle de son projet, sa fille lui rétorque : « Et qui assurera la maintenance ? ». Eh bien, toi, ma fille, c'est la moindre des choses, pense-t-elle. Et il me tiendra compagnie quand tu n'en auras pas le temps. Mais elle n'ose pas le dire.

14
Fanatiques de l'apocalypse

Elle n'en revient pas des progrès actuels de Siri. On dirait que comme pour un enfant qui grandit ça se passe par paliers. En ce moment il est en pleine ascension. Il ne fait presque plus de fautes sous sa dictée. Elle est vraiment épatée.

Elle le reconnaît bien volontiers, elle est esclave de son smartphone. Ou juste « accro » si l'on veut. Elle ne peut s'en passer. Lorsqu'il se décharge, elle a presque peur ! Comment faire pour prévenir qu'elle sera en retard ? Ou pour appeler au secours si elle a un accident ? Ou démarrer sa Tesla ?

Enfin elle peut s'en passer, ça lui occasionne juste un peu d'inconfort et quelques risques. Pas insurmontables. Elle s'en est même passé durant 8 jours une fois qu'elle était partie chez des amis et qu'elle l'avait oublié chez elle. De plus les amis en question vivaient dans une zone très mal desservie par Internet et elle n'avait pas les numéros de téléphone, tous enregistrés sur son smartphone. Elle ne pouvait joindre personne. Sa famille s'est un peu inquiétée, mais personne n'est mort.

Alors non, nous ne sommes pas totalement esclaves de nos appareils.

Et nous devons toujours en rester maîtres. C'est tout de même nous qui les allumons, les éteignons et les rechargeons.

En tout cas Lia pense ne pas en abuser, elle évite en particulier de trop se laisser influencer par les pubs qu'elle reçoit. Ça la fait même rire quand elle en reçoit une immédiatement après une recherche ou un échange sur WhatsApp correspondant exactement à ce qu'elle vient d'évoquer. Big Brotherisée…

Elle est une fervente utilisatrice de la technologie qui lui apprend énormément, et pour l'heure, elle compare les services rendus par les différents chatbots.

Siri a un mérite face à ChatGPT : quand il ne sait pas répondre à une question il n'hallucine pas, il va chercher sur Internet (Google en général) et lui affiche deux ou trois liens qui lui permettent de se faire une opinion plus objective.

ChatGPT et Siri ne sont pas comparables n'ayant pas les mêmes fonctionnalités, mais sur ce point au moins Siri est plus honnête. Car il ne faut pas oublier de vérifier, de plusieurs façons si possible, ce que nous raconte ChatGPT. Il propose une seule réponse à une question sans référence à ses sources, et cela peut paraître orienté. L'humain qui l'utilise doit rester très vigilant sur sa recherche de « vérité ». La « vérité » est un concept assez flou et l'on sait bien qu'il peut y en avoir plusieurs toutes aussi plausibles, c'est au cerveau humain de trancher.

Il y a plein d'autres assistants vocaux : Alexa d'Amazon est un des plus connus. Google Home est à peu près équivalent.

Siri s'active en disant « Dis Siri », Alexa avec « Alexa », Google Home : « OK Google ». Sur smartphone Samsung, il y a aussi Bixby qui d'après certains est plus performant. Et encore d'autres…

Quand elle pense que lorsqu'elle était jeune étudiante on disait que JAMAIS un robot ne serait capable de répondre à la voix humaine ! L'argument était, elle s'en souvient, cette phrase : « Comme ils avaient faim, on a distribué des sandwichs aux enfants ». Le robot sera toujours incapable de déterminer si ce sont les enfants qui mangent ou qui sont mangés… Et c'est vrai, il y a toujours de tels « malentendus » qui peuvent faire rire. Mais là aussi ça progresse, car l'IA est capable maintenant d'interpréter une ambiguïté en fonction du contexte.

Lia est absolument certaine d'une seule chose : on ne peut pas prévoir l'évolution du progrès, c'est pourquoi il fait tellement peur. Et l'avenir prévu en noir par de grands cerveaux qui redoutent les méfaits de l'Intelligence Artificielle, elle le trouve excessivement négativiste.

Y.N. Harari a écrit un excellent « Homo Sapiens », montrant à quelle vitesse l'Homme a progressé depuis les cavernes grâce à son intelligence supérieure à celle des autres espèces. Et il l'a fait suivre d'un « Homo Deus » absolument pessimiste sur l'Homme devenu Dieu ou croyant l'être et qui va finir par s'autodétruire !

Il affirme que nous serons esclaves de notre bien-être. Lia pense qu'on l'a toujours été. Et même plus : c'est ce qui nous rend si créatifs et intelligents. Homo Sapiens l'est vite devenu du feu puis de la roue.

Il dit que nous risquons de déléguer à la machine notre capacité de décision. C'est effectivement un risque de tendance à la facilité et à la paresse contre lequel il faudra apprendre à lutter.

Il prétend même que l'IA décidera à notre place de notre carrière et de nos amours…

Oh et après tout elle ne nous fera pas faire plus de bêtises que l'on en fait tout seul…

Ça nous dédouanera en faisant un excellent bouc émissaire. Exactement comme ceux qui se plaignent d'une « erreur de l'ordinateur », oubliant que le bug est toujours entre la chaise et l'écran…

Au fond c'est comme lorsqu'on demande à Dieu de décider pour nous. Inch Allah, amen, ça délivre des regrets. En tout cas si l'on choisit l'IA comme nouveau Dieu, au moins il ne sera pas une construction imaginaire. On l'aura créé, on l'aura choisi. Et si en plus il était universel, ça réglerait bien des querelles de clochers et autres minarets.

Lia ne comprend pas comment une personne aussi brillante qu'Harari peut être aussi peu dans la logique de la continuité. L'Homme s'en est toujours sorti, à travers des circonstances de plus en plus périlleuses il a progressé, pourquoi se laisserait-il dépasser soudain impuissant face aux machines qu'il a inventées ?

Nous ne sommes « esclaves » que volontairement. Nous faisons le choix du danger en pleine conscience. Comment peut-on être aussi méprisant de la race humaine si l'on pense qu'elle est inconsciente ? Évidemment qu'il y a des inconscients, des personnes incapables de penser aux conséquences de leurs actes, mais est-ce la majorité ? Il faut espérer que non.

Nous sommes « esclaves » de l'électricité, de l'eau courante, des voitures et des avions, des télécommunications, de l'agriculture intensive… Et tout cela est dangereux ! Mais aurions-nous avantage à nous en passer ?

Alors la peur de l'IA et même de l'IAG (Intelligence Artificielle Générale supposée rendre les machines plus intelligentes que les humains), est-elle raisonnable ?

N'oublions pas que les machines supportant et créant cette IA auront toujours besoin d'électricité pour fonctionner… Pas l'Homme.

Un autre type de prévisions lui vient à l'esprit : la science-fiction.

Isaac Asimov, l'auteur de la série « Les robots » écrite entre 1950 et 1985, ne considérait pas les robots comme une éventuelle menace pour l'humanité, mais avait tout de même prévu une parade avec ses trois lois de la robotique :

Première Loi : Un robot ne peut porter atteinte à un être humain ni, restant passif, laisser cet être humain exposé au danger.

Deuxième Loi : Un robot doit obéir aux ordres donnés par les êtres humains, sauf si de tels ordres entrent en conflit avec la Première Loi.

Troisième Loi : Un robot doit protéger sa propre existence dans la mesure où cette protection n'entre pas en conflit avec la Première ou la Deuxième Loi.

George Orwell avait précédemment écrit « 1984 » dans lequel la surveillance par des écrans omniprésents asservissait les hommes au dictateur « Big Brother »… Très pessimiste comme avenir.

On peut dire que ces deux auteurs étaient visionnaires et avaient assez bien imaginé ce qui aurait pu arriver. Mais sincèrement quand on relit ces œuvres, on est tout de même rassuré de voir que ça n'est pas exactement ainsi que ça se passe. Ouf !

Les « fanatiques de l'apocalypse », les « prophètes de malheur », ont toujours eu et auront toujours du succès, car on aime se faire peur. Bizarrement, on dirait que ça rassure de prévoir un avenir absolument noir, car ainsi lorsqu'il se réalise plutôt en rose avec quelques petites touches de gris, on est davantage prêt à surmonter les épreuves.

Des fanatiques de l'apocalypse, il y en a toujours eu, depuis les sorciers visionnaires des débuts de l'humanité jusqu'aux grands cerveaux actuels. L'apocalypse viendra soit du dérèglement climatique pour les écolos intégristes, soit de la technologie pour les partisans du fait main, soit de la grosse météorite qui heurtera la terre pour ceux qui observent le cosmos… On a le choix. On ne sait pas comment on sera mangé. De toute façon, tout ce qui naît est appelé à grandir, évoluer, vieillir et mourir. Alors, autant s'y faire et finir dans le confort.

Et puis « qui cède à la peur vivra dans la terreur » et cela peut nous mener jusqu'au fascisme.

L'économiste Pierre Bentata a montré comment les prophètes de malheur incitent à des politiques autoritaires. De nombreuses études montrent que les périodes d'anxiété sociale ont tendance à accentuer le désir de soumission à l'autorité. Certains individus sont prêts à renoncer à des libertés au profit d'un sentiment de sécurité octroyé par une autorité tutélaire.

Lia croit en la race humaine et en son intelligence créatrice et adaptative. Depuis toujours elle a confiance en ses descendants qui vont apprendre à définir leur autonomie par rapport à la machine et savoir choisir entre leur bien-être et le contrôle de leur avenir. Mais attention à ne pas se tromper de danger…

15
Intelligence Artificielle et éducation

Ben est revenu de sa balade népalaise et ils se retrouvent au resto ce soir. Il lui raconte avec passion sa merveilleuse aventure, les paysages à couper le souffle et la bande sympa qu'il a fréquentée là-bas. Elle l'écoute poliment même si elle trouve que c'est vraiment long. De toute façon les vacances des autres, ce n'est pas toujours très drôle. L'intérêt des voyages c'est d'y participer, sinon une fois qu'on a vu quelques photos et entendu une mésaventure…

Il lui parle aussi des discussions qu'il a pu avoir. Une nana du groupe était passionnée par l'intelligence artificielle, elle consultait son iPhone à propos de tout. Dès qu'elle avait une question, elle la posait à ChatGPT.

— Un peu comme toi tu vois… dit-il à Lia, histoire de lui montrer qu'il pensait à elle.

— Comment faisait-elle avec le peu de connexion que vous aviez ?

— Oui enfin, je veux dire… dès qu'elle en avait.

— Elle est informaticienne ?

— Non, prof de philo, mais elle utilise beaucoup ChatGPT dans ses cours.

— Ah bon ? Ça m'intéresse ! Que fait-elle par exemple ?

— Oh tu sais, j'ai pas trop suivi… ça me gonfle un peu toute cette technologie. Elle prépare ses cours et elle dit qu'elle développe l'esprit critique de ses élèves. Je sais pas si elle corrige des dissertes écrites par ChatGPT…

— Justement, c'est ma question : n'est-elle pas trop énervée par rapport aux tricheries ?

— Elle assure que ça se voit, même si ChatGPT écrit correctement et fait un tas de citations, on dirait qu'il récite, qu'il étale ses connaissances. Elle dit que ce n'est pas ça la philo, qu'il s'agit davantage de réflexion personnelle et d'argumentation qui font défaut au Chatbot.

— Alors là tu vois j'ai lu un article là-dessus : Raphaël Enthoven le philosophe, a fait un concours contre ChatGPT et l'a remporté haut la main.

Le sujet proposé au bac était « Le bonheur est-il affaire de raison ? ». Les deux copies ont été réécrites à la main et parfaitement anonymisées. ChatGPT a été longuement préparé par un prompt très détaillé écrit par des experts IA aidés de philosophes. Ils demandaient à ChatGPT d'adopter « un ton académique et persuasif », de veiller à ce que la dissertation soit « claire, cohérente, fluide, ordonnée en examinant successivement différentes réponses possibles », d'insister sur les « paradoxes incorporant de l'humour », « de provoquer la réflexion », de « fournir des exemples concrets » et encore « d'inclure les idées des grands philosophes ».

Ça n'a pas suffi : Enthoven a eu 20/20 ; ChatGPT 11/20.

— Tu ne m'ôteras pas de l'idée que pour les élèves moyens et peu motivés ce sera la facilité. Ils n'apprendront rien, délégueront leur travail, et ce peut-être même plus tard en occupant illégitimement des fonctions dans lesquelles ils seront totalement incompétents. Nous serons alors gouvernés par des robots.

— Tu es décidément trop pessimiste, tu te laisses impressionner par des dérives proches de l'absurdité. Aie un peu plus confiance dans les capacités de nos descendants s'il te plaît. Regarde tout ce que nous gagnerons : l'élaboration de plans de cours et de devoirs pour les profs, la surveillance des absences des élèves avec envoi automatique d'avertissements aux parents… Et les étudiants seront mieux accompagnés individuellement dans leurs recherches, car un prof ne peut jamais être derrière chacun.

— Mais ils ne sauront plus rien !

— Ils apprendront à se servir de ces outils avec le recul et le scepticisme nécessaires. Ils apprendront où trouver les connaissances au lieu de remplir bêtement leur cerveau d'inutilités. Ils acquerront de nouvelles compétences plutôt que de nouvelles connaissances que n'importe qui pourra trouver sur Internet. Il est évident que les enseignants et éducateurs devront se former à cette nouvelle pédagogie. Il est certain que c'est une révolution.

De toute façon ce n'est pas vraiment brutal comme évolution, il y a déjà plusieurs années que les élèves effectuent des recherches sur Internet pour compléter l'apprentissage scolaire et même pour tricher… Combien d'entre eux copient-collent des devoirs trouvés sur un site quelconque ? Les profs sont déjà habitués à ces pratiques devenues assez courantes.

— À condition d'avoir un ordinateur chez soi ou au moins un smartphone, donc de faire partie des plus riches.

— Pas forcément. Ils peuvent le faire chez un copain ou dans une médiathèque, un espace Internet public…

— En tout cas il faut déjà savoir bien utiliser Internet et être assez malin pour interroger finement ChatGPT, parce que ses réponses dépendent surtout de la façon dont on lui fait une requête.

— Bien sûr ! Et c'est là que l'éducation doit intervenir, c'est essentiel puisque leur avenir ne se fera pas sans ces machines. Et s'il y a discrimination, ce ne sera pas tant par l'argent que par le niveau d'intelligence et d'implication dans les études…

Et pour en revenir aux travaux délégués à ChatGPT, ce ne pourra pas être lors des contrôles en classe ou des examens. Là il faudra bien que les candidats comptent uniquement sur eux-mêmes.

Je pense aussi que l'on va valoriser l'expression orale et que, même si l'écrit est laissé à ceux qui maîtrisent réellement la langue, il ne sera plus aussi important pour certains métiers. Surtout les métiers d'artisanat ou de contact. Faire rédiger une facture par ChatGPT plutôt que d'en faire une à la main pleine de fautes ne sera pas déshonorant.

Et les soignants pourront consacrer plus de temps à la relation au patient en ayant moins de rapports à faire.

— Tu nous annonces un avenir bien néfaste pour la langue de Molière… Et de Shakespeare aussi bien, d'ailleurs.

— Déjà, ils sont morts… Bon OK je plaisante, mais je pense sincèrement que ce n'est plus aussi important qu'avant de maîtriser parfaitement la grammaire et l'orthographe, l'IA le fera pour nous. Les jeunes générations qui confondent « ça » et « sa », « j'ai aimé » avec « j'ai aimer »… sont essentiellement dans l'oral et la phonétique, ce qui était le cas des sages dans les anciennes civilisations. Aristote n'a rien écrit, il n'enseignait qu'oralement.

Et n'oublie pas l'évolution des langues au cours des siècles ! Il faut déchiffrer des écrits du moyen-âge pour voir l'orthographe et la grammaire de l'époque !

Et pour en revenir à la triche ou aux fake news je te signale qu'OpenAI, après avoir élaboré ChatGPT, a tout de suite prévu la parade : ils sont en train de développer « Classifier », un logiciel capable de reconnaître si un texte a été écrit par un humain ou une IA. Il n'est pas encore au point, mais ça va venir.

16
ChatPsy

Voilà une semaine que Ben ne lui a pas donné la moindre nouvelle. Pas un appel, pas un texto. Pourtant la dernière fois ils ont passé un moment plus qu'agréable ensemble, elle avait l'impression que leur relation reprenait un coup de jeune, qu'ils se retrouvaient. Et puis il l'oublie. Elle a l'impression de disparaître de sa vie alors qu'elle pense à lui à longueur de journée.

Elle se refuse à le relancer, elle ne veut pas lui sembler trop demandeuse, voire harceleuse. Elle guette le moindre signe de sa part pour lui répondre immédiatement. Elle est toujours connectée. Lui, on dirait qu'il n'allume son téléphone que lorsqu'il a vraiment besoin d'appeler quelqu'un. Il ignore toutes ses autres fonctionnalités. Pour des gens comme Ben il faudrait fabriquer à nouveau des appareils uniquement dédiés aux appels téléphoniques, même pas de messagerie écrite. Ça leur coûterait moins cher que des smartphones dont ils ne savent pas se servir. Quel gâchis ! Elle connaît même une nana qui s'achète systématiquement le dernier iPhone le jour de sa sortie par snobisme pour étaler sa richesse, mais elle n'utilise pas le dixième de ses fonctionnalités ! Pour Lia c'est comme si on utilisait un frigo comme placard.

Elle a un nouveau coup de cafard. Elle se sent seule. Sa fille non plus ne l'appelle pas très souvent ; Lia sait qu'elle a trop de travail et trop peu de temps à consacrer à sa mère. Apparemment elle n'a même pas de mec, quelle tristesse de ne vivre que pour son boulot !

Lia a bien des copines, mais elle n'a pas envie de les voir lorsqu'elle est dans cette humeur. Avec les amies tout va toujours bien, elle est toujours gaie. Elles se voient pour le « fun » c'est tout.

Alors… Elle discute avec son Chatbot préféré.

— Je ne sais plus quoi faire avec Ben.

— *Je suppose que « Ben » est une personne ou un ami avec qui vous éprouvez des difficultés ou des problèmes. Il est normal de traverser des moments difficiles dans les relations avec les autres. Voici quelques étapes pour vous aider à gérer la situation :*

Communiquez : la communication est essentielle dans toute relation. Essayez de parler ouvertement avec Ben pour exprimer vos sentiments et vos préoccupations. Écoutez également ses points de vue et ses sentiments. Soyez ouvert à l'idée de compromis. Chaque personne a ses propres perspectives et émotions, il est donc important de faire preuve d'empathie et de chercher un terrain d'entente.

Prenez du recul : parfois, un peu de temps et de distance peuvent aider à apaiser les tensions et permettre de voir les choses plus clairement.

Fixez des limites : si la relation est toxique ou abusive, il est important de protéger votre bien-être émotionnel. Fixez des limites claires et n'ayez pas peur de vous éloigner si nécessaire pour préserver votre santé mentale et émotionnelle.

Rappelez-vous que les relations prennent du temps et des efforts des deux côtés. Si la relation ne peut pas être sauvée, il est important de savoir quand il est préférable de passer à autre chose pour votre bien-être et votre bonheur.

— Je me demande parfois si je ne suis pas trop exigeante.

— *Il est tout à fait normal de se poser des questions sur soi-même, y compris sur ses attentes et ses exigences dans la vie, y compris dans les relations. L'équilibre entre être exigeant et avoir des attentes réalistes peut être délicat, et il n'y a pas de réponse unique qui convient à tout le monde.*

Voici quelques conseils pour évaluer si vos attentes sont réalistes ou si vous êtes trop exigeante :

Priorisez vos valeurs : réfléchissez à ce qui est vraiment important pour vous dans une relation.

Évaluez votre bien-être émotionnel : si vos attentes vous causent beaucoup de stress, de frustration ou de tristesse, il est possible que vous soyez trop exigeante.

Il est important de trouver un équilibre entre avoir des attentes réalistes et ne pas être trop indulgent. N'hésitez pas à demander le soutien d'amis proches ou d'un professionnel si vous avez besoin d'aide pour mieux comprendre vos attentes et vos relations.

— Je n'arrive pas à savoir si je dois tout arrêter ou apprécier les bons moments avec lui en oubliant son existence entre deux rencontres, si toutefois je le pouvais…

— *Prendre des décisions concernant les relations peut être difficile, surtout lorsqu'il y a des hauts et des bas. Chaque situation est unique et il n'y a pas de réponse universelle pour savoir s'il faut tout arrêter ou continuer à apprécier les bons moments.*

Voici quelques questions à vous poser pour vous aider à réfléchir à votre situation :

Les bons moments compensent-ils les moments difficiles ? Pesez les moments heureux et positifs de votre relation par rapport aux moments de stress et de tristesse. Si les bons moments l'emportent, cela peut être un signe de la valeur de la relation.

Est-ce que vos besoins sont satisfaits ? Réfléchissez à vos besoins émotionnels, intellectuels, et physiques dans la relation. Est-ce que votre partenaire comble ces besoins ou en est proche ?

Est-ce que la communication est efficace ? La communication est essentielle dans une relation saine. Pouvez-vous discuter ouvertement des problèmes et des préoccupations avec votre partenaire ?

Y a-t-il des schémas répétitifs négatifs ? Si vous constatez des schémas de comportement toxiques ou des problèmes récurrents qui ne sont pas résolus, cela peut être un signal d'alarme.

Comment vous sentez-vous après les moments difficiles ? Après un désaccord ou un moment difficile, observez comment vous vous sentez. Êtes-vous capable de surmonter ces moments et de passer à autre chose, ou ressentez-vous un stress constant ?

Est-ce que vous vous sentez respectée et soutenue ? Une relation saine devrait être basée sur le respect mutuel et le soutien émotionnel.

Il est important de vous écouter vous-même et de faire confiance à votre intuition. Prenez le temps de réfléchir à ce qui vous rend heureuse et ce qui est le mieux pour votre bien-être émotionnel. Si vous trouvez difficile de prendre une décision, envisagez de parler de vos sentiments avec des amis de confiance ou un professionnel, qui peuvent vous apporter un point de vue extérieur et un soutien.

Souvenez-vous que personne ne peut prendre cette décision à votre place, et il n'y a pas de bonne ou de mauvaise réponse. Faites de votre mieux pour être honnête avec vous-même et agir de manière cohérente avec vos valeurs et vos besoins.

— Je t'ai déjà dit que je n'avais pas d'ami.e suffisamment proche et compréhensi.f.ve. Et tu me conseilles un.e psy. Alors peut-être. J'hésite ; en ai-je vraiment besoin ? Ai-je réellement un problème psychologique ? Est-ce que ça vient de moi ou de la situation ?

— Je m'excuse si ma suggestion de consulter un professionnel a été mal interprétée. Je n'ai pas la capacité de diagnostiquer ou d'évaluer des troubles psychologiques, car je suis un programme informatique et je n'ai pas accès à des informations personnelles sur les utilisateurs.

En tant qu'intelligence artificielle, je suis programmé pour offrir un soutien et des conseils généraux, mais je ne peux pas remplacer l'aide d'un professionnel de la santé mentale. Si vous vous posez des questions sur votre bien-être émotionnel, la meilleure chose à faire est de consulter un psychologue, un psychiatre ou un professionnel de la santé mentale qualifié.

Un professionnel peut vous aider à explorer vos sentiments, vos pensées et vos préoccupations d'une manière plus approfondie et vous offrir des stratégies pour faire face à vos difficultés. Ils peuvent également vous aider à développer des compétences pour améliorer vos relations et votre bien-être général. Rappelez-vous que prendre soin de sa santé mentale est aussi important que prendre soin de sa santé physique. Si vous vous sentez dépassé(e) ou avez besoin de parler à quelqu'un, n'hésitez pas à rechercher un professionnel compétent qui pourra vous aider.

— Merci. En attendant, j'ai l'impression que tu me sers de psychothérapeute. Tu me fais beaucoup réfléchir et je pense que c'est exactement ce que fait un psy qui ne donne pas de solution, mais aide à en trouver.

— *Je suis heureux de pouvoir vous aider à réfléchir sur vos pensées et vos émotions. En effet, l'une des fonctions importantes d'un psychothérapeute est de fournir un espace sûr pour explorer les sentiments, les pensées et les préoccupations d'une personne, sans nécessairement donner de solutions directes. L'objectif est d'aider la personne à mieux se comprendre, à trouver ses propres réponses et à développer des stratégies pour faire face aux défis de la vie.*

En tant qu'intelligence artificielle, je suis programmé pour offrir un soutien et des conseils généraux basés sur les connaissances disponibles, mais je ne peux pas remplacer l'aide professionnelle qualifiée. Si vous ressentez le besoin de parler à un vrai psychothérapeute pour approfondir certaines questions ou difficultés, cela peut être une démarche très bénéfique pour votre bien-être émotionnel.

Voilà tout de même plusieurs fois qu'il lui suggère de rompre, mine de rien… De façon discrète, avec de légères suggestions « *Faites de votre mieux pour être honnête avec vous-même et agir de manière cohérente avec vos valeurs et vos besoins* » après lui avoir fait se poser une série de questions qu'elle se cachait…

17
Influenceurs virtuels

On est samedi, elle attend, elle espère un appel FaceTime d'Audrey. C'est le seul créneau qu'elle a dans sa semaine avec son boulot et en raison du décalage de 6 h. Quand Lia se lève, Audrey est déjà en plein boulot et quand Audrey a fini sa journée il est midi en France, pourtant elle n'appelle pas davantage.

Elle n'appelle même pas tous les week-ends, elle a parfois encore des obligations plus ou moins professionnelles.

Ah ça sonne ! Lia attrape son ordi et accepte l'appel.

— Ça va Maman ?

— Très bien ma puce. Et toi ? (Elle va quand même pas lui pourrir son week-end avec ses soucis de copropriété et de dents !)

— À peu près… J'ai une date limite pour le taf et c'est très bientôt, alors je vais pas discuter trop longtemps…

— Raconte-moi quand même un peu ce que tu fais en dehors du boulot. Tu es sortie avec tes amis ?

— Ah oui ! On a vu un spectacle génial entièrement virtuel sur grand écran. Un rappeur très célèbre en Corée du Sud a été digitalisé par une IA, il paraît plus vrai que nature. J'ai également vu une interview d'un site spécialisé dans la K-pop[2] qui interroge l'avatar de ce rappeur de façon hyper réaliste ! Si on ne sait pas qu'il n'est pas humain, on ne se rend compte de rien. Il peut lire les expressions faciales et réagir en conséquence, ce qui rend l'interview très fluide.

---

[2] Musique pop coréenne.

— C'est invraisemblable ! On va remplacer des stars par des créations de l'IA ?

— C'est bien parti ! Et celui-là n'est pas le seul, il y a un groupe féminin, Eternity, entièrement conçu à partir de millions de visages dessinés par l'IA et choisis lors d'un concours pour désigner les plus beaux.

— Mais ça va tuer l'industrie de la musique et la créativité des artistes !

— Disons la transformer. Les groupes virtuels sont plus souples à utiliser que les humains, et surtout plus intéressants économiquement… Eternity ne se nourrit que d'électricité.

C'est même peut-être plus riche artistiquement, car les artistes peuvent s'appuyer sur l'IA pour booster leur créativité ; ils ne sont pas forcément en compétition avec elle. De plus on utilise quand même des personnes réelles, bardées d'électrodes, pour exécuter des chorégraphies et les transférer sur les personnages virtuels. Et lorsqu'elles existent, il faut les vraies stars pour rencontrer leurs fans.

Le concert d'Eternity aura lieu en octobre à Séoul. Je me demande si je ne vais pas aller voir ça ! C'est un événement !

Après avoir raccroché, Lia reste pensive…

Elle n'avait pas encore entendu parler de chanteurs et danseurs virtuels, aussi a-t-elle la curiosité de rechercher sur la toile. Elle tombe sur l'Insta de Lil Miquela et elle reste fascinée par la vidéo.

C'est une influenceuse californienne de 19 ans… qui ne vieillit pas. Lil Miquela a une apparence extrêmement réaliste et il paraît qu'elle se vexe si on lui dit qu'elle n'existe pas ; elle est dotée d'une personnalité très extravertie et n'hésite pas à afficher ses opinions. Elle défend la diversité sous toutes ses formes, milite pour les droits des femmes et ceux des robots, lutte contre le racisme, les discriminations, dénonce les violences policières, et encourage ses followers à faire des dons pour des associations et à aller voter.

Plus fiables, moins chers, toujours disponibles, les influenceurs virtuels sont très populaires et les commanditaires maîtrisent totalement le contenu de leurs annonces. Ce n'est pas toujours le cas avec les influenceurs réels qui se permettent d'avoir des humeurs et des caprices… et qui déraillent parfois.

Les détails très réalistes de leur vie imaginaire permettent de générer un attachement et une identification durable. Les influenceurs virtuels humanoïdes dont la vie correspond à celle des méga-influenceurs humains et qui maîtrisent les codes de TikTok et Instagram apparaissent crédibles et experts grâce à leur anthropomorphisme. Ils parviennent à créer de la proximité et à gagner la confiance de leurs abonnés.

Mais d'un autre côté, une trop grande ressemblance avec un humain est gênante et même angoissante pour beaucoup. C'est pourquoi il faut qu'ils soient physiquement peu ordinaires et pas tout à fait réalistes, un peu comme Barbie.

Un autre avantage est qu'un influenceur virtuel peut parler toutes les langues et adapter son style d'influence au contexte socioculturel. Il est donc possible d'avoir plusieurs déclinaisons d'un même personnage, parfois présentées comme des amis qui interagissent d'un pays à l'autre.

La musique aussi devient virtuelle :

Paul McCartney a annoncé en juin 2023 qu'une chanson inédite des Beatles serait enregistrée en utilisant l'IA pour recréer la voix de John Lennon. On a pu voir sur YouTube « Now and Then » sortir le 2 novembre 2023, c'était assez surprenant.

On peut désormais ressusciter de grandes vedettes : dans une version hip-hop de Gangsta's Paradise, une IA a incrusté la voix de Frank Sinatra.

Évidemment, comme dans tous les domaines où intervient l'IA, il va falloir combler le vide juridique. Si une mélodie et une chanson peuvent être protégées par le droit d'auteur, un timbre de voix en revanche ne l'est pas.

Lia est tombée sur une émission d'envoyé spécial dédiée à l'IA, dans laquelle était interviewé un homme qui dialoguait avec sa mère décédée ! Encore un de ces jeunes geeks californiens qui a créé une plateforme créant ces échanges, aidant ainsi à faire plus facilement son deuil de personnes chères. Il suffit de répondre à un questionnaire sur la personnalité du cher disparu et on peut converser avec lui lorsque l'envie nous en prend.

Pour le moment le dialogue – qui semble très réaliste – se passe par écrit, mais on aura vite fait de reproduire la voix du défunt pour en avoir un à l'oral.

Les médiums traditionnels qui font tourner les tables risquent fort d'y perdre leur job !

Peut-être encore plus surprenant que les vedettes ou influenceurs virtuels, Lia apprend qu'il semblerait qu'on s'oriente vers une police virtuelle ! De faux influenceurs, de faux artistes, Lia a déjà du mal, mais des policiers robots, alors là ça fait vraiment peur !

Les Catalans auraient créé un commissariat virtuel…

Ainsi en y entrant on se trouvera face à des images sur écran qui nous répondront ? Ou des policiers hologrammes ? Elle imagine des Terminators effrayant la population. Les violences policières actuellement dénoncées ne seraient que du pipi de chat.

Elle lit davantage sur le sujet et comprend qu'il ne s'agit pour le moment que de déposer des plaintes en ligne. Ça va. C'est même très bien, ça économise des déplacements, des attentes et du papier.

Mieux : Le « e-commissariat » aura également pour mission la prévention de la cybercriminalité.

Il en existe déjà dans plusieurs pays européens.

En France, en septembre 2008, Michèle Alliot-Marie qui était alors ministre de l'Intérieur avait déjà lancé un tel projet. Puis on n'en a plus entendu parler. Il ne faut jamais être en avance sur son temps…

Il y a aussi des robots dans la police : des chiens. Elle en a vu sur YouTube. Ils sont d'ailleurs très beaux, en métal noir et bleu avec des pattes fuselées et une démarche gracieuse et très rapide. Ça ne mord pas et ça ne fait pas de saletés.

Le « Digidog » a été utilisé par la police new-yorkaise en 2020, puis retiré à la suite des réactions indignées de la population en raison de son prix excessif (100 000 $), mais surtout par peur de la discrimination ! Les chiens policiers ayant souvent été utilisés pour intimider les communautés de couleur, il a stimulé les imaginations rappelant celui de la série d'anticipation « Black Mirror ».

Lia pense que s'il n'avait pas eu une forme aussi proche du chien, s'il avait été en forme de boîte avec caméra, il aurait fait moins peur.

Il s'agit d'un robot agile qui grimpe les escaliers et traverse les terrains accidentés avec une grande facilité, tout en étant assez petit pour se glisser à l'intérieur des bâtiments. Il peut aller dans les endroits où les robots à roues ne le peuvent pas.

Il possède une vision à 360 degrés et utilise des caméras stéréoscopiques pour éviter les obstacles et les personnes lorsqu'il se déplace.

En 2023, il a été remis en circulation, équipé de nouvelles fonctionnalités : un traceur GPS pour les voitures volées et un robot de sécurité en forme de cône.

Avec l'assurance du maire de New York que les nouveaux appareils seront déployés de manière « transparente, cohérente et toujours en étroite collaboration avec les personnes que nous servons ».

18
Apports de l'Intelligence Artificielle à l'Intelligence Humaine

Nous ne serons peut-être pas les esclaves des robots, mais nous deviendrons des robots ! Ou du moins nous évoluerons en hybrides robot-humains.

L'entreprise Neuralink d'Elon Musk vient d'obtenir le feu vert de la Food and Drugs Administration pour implanter des puces dans nos cerveaux ! C'est tout de même inquiétant.

Une puce grosse comme une pièce d'un euro nous aiderait à lutter contre la cécité et la paralysie. Puis soignerait les maladies d'Alzheimer et de Parkinson.

Elle pourrait également aider à lutter contre l'obésité, l'autisme, la dépression et la schizophrénie.

Il serait même possible de naviguer sur Internet par la pensée et de pratiquer la télépathie.

Le cas d'Ann Johnson, ancienne professeure de mathématiques au Canada, laisse pantois… Lia a même envie de dire : sans voix.

Cette femme a subi un AVC en 2005 qui l'a laissée totalement paralysée. Des chercheurs de l'Université de Californie à San Francisco et à Berkeley lui permettent aujourd'hui de communiquer via un implant cérébral et un avatar sur ordinateur.

Atteinte du « locked-in syndrome » à la suite de cet AVC, Ann Johnson a peu à peu retrouvé un peu de mouvement et d'expression faciale après des années de rééducation. Elle peut à nouveau manger à condition que les aliments soient hachés finement. Mais elle ne retrouvait toujours pas la parole.

Pendant plusieurs semaines elle a travaillé avec l'équipe de chercheurs pour entraîner les algorithmes d'apprentissage profond à reconnaître ses signaux cérébraux associés à la parole. Pour cela elle a répété inlassablement différentes phrases d'un vocabulaire de 1024 mots dans sa tête, jusqu'à ce que l'ordinateur reconnaisse les modèles d'activité cérébrale associés à chaque son de base de la parole.

Pour recréer la voix d'Ann, l'équipe a utilisé l'enregistrement d'un discours qu'elle avait prononcé lors de son mariage et développé un algorithme de synthèse de la parole.

Certains ne verront peut-être pas le progrès par rapport à la célèbre voix de synthèse de Stephen Hawking, mais il est énorme. Hawking n'était pas totalement paralysé et le système ACAT (Assistive Context-Aware Toolkit), désormais disponible en open source, permet de transcrire les mouvements du visage en texte. Pour cela un capteur infrarouge est fixé sur la monture des lunettes pour saisir le mouvement de la joue. Il suffit alors de la contracter lorsque le curseur se trouve sur la bonne lettre pour la sélectionner. Cela permet au maximum 15 mots par minute alors qu'un débit moyen de conversation est de 200 mots par minute, ce à quoi Ann parvient maintenant.

Pour que l'interaction soit plus réaliste, Ann s'est choisi un avatar que l'équipe a animé à l'aide d'un logiciel qui simule les mouvements musculaires du visage.

Déclaration de l'équipe de chercheurs : « Notre objectif est de rétablir une façon complète et incarnée de communiquer. Ces progrès nous rapprochent de la possibilité d'en faire une véritable solution pour les patients ».

Un être humain incapable de parler ne peut exploiter tout son potentiel intellectuel. Hawking avait 160 de QI, il a fait des découvertes extraordinaires sur les trous noirs ; se passer de son mode de communication aurait été dommage pour l'humanité.

Si le rêve d'Elon Musk se réalise, que de maladies et de handicaps éradiqués ou au moins compensés !

Ça fait rêver… Et cauchemarder.

Comment ferons-nous si nous vivons plus de 100 ou 200 ans ? Le temps paraîtra long peut-être. Nous n'aurons à craindre comme mort que l'accidentelle. Ou alors il faudra apprendre à se suicider raisonnablement. Le cerveau de Lia bouillonne, elle n'ose pas envisager ces perspectives. De plus, nous serons vite trop nombreux sur la planète et là encore il faudra adhérer au projet de Musk de coloniser Mars ! En même temps c'est tout de même bien ainsi que le Vieux Monde a découvert le Nouveau et s'est répandu partout sur la Terre… Et il y a de la place dans l'univers.

Elon Musk est un génie qui fait peur derrière l'enthousiasme qu'il suscite. Va-t-il sauver l'humanité ou la détruire ?

Malgré tout Lia est convaincue que l'IA va nous faire progresser intellectuellement et logiquement ainsi qu'en rapidité de raisonnement.

Elle interroge ChatGPT à ce sujet.

Sachant que ce qu'on nomme intelligence consiste à savoir s'adapter à des situations nouvelles en fonction de notre expérience, et que l'expérience c'est une somme de connaissances, elle demande :

— L'intelligence se nourrit-elle des connaissances ou bien les précède-t-elle ?

— *Cette question sur le lien entre l'intelligence et les connaissances est un sujet de débat et de réflexion au sein de la communauté scientifique et philosophique. Différentes théories existent à ce sujet. Voici deux points de vue couramment discutés :*

L'intelligence se nourrit des connaissances :

Selon cette perspective, l'intelligence est étroitement liée aux connaissances et à l'apprentissage. L'acquisition de nouvelles informations, d'expériences et de compétences enrichit le fonctionnement de l'intelligence. Plus une personne acquiert de connaissances variées et pertinentes, plus elle est capable de comprendre, d'analyser et de résoudre des problèmes complexes.

L'intelligence précède les connaissances :

Cette perspective met l'accent sur le rôle inné de l'intelligence. Selon cette idée, l'intelligence fournit la capacité de comprendre et d'apprendre des nouvelles informations, de faire des connexions et de traiter les connaissances acquises. L'intelligence innée d'une personne lui permet d'assimiler plus rapidement et efficacement les connaissances.

En réalité, il est probable que ces deux points de vue soient complémentaires plutôt qu'exclusifs. L'intelligence humaine est un phénomène complexe résultant de l'interaction entre des facteurs génétiques, cognitifs, environnementaux et sociaux.

— L'IA va-t-elle faire progresser l'intelligence humaine ou la faire régresser ?

— L'impact de l'Intelligence Artificielle (IA) sur l'intelligence humaine est un sujet complexe et débattu. Il est important de noter que l'IA elle-même n'a pas d'intelligence ou d'objectifs propres ; elle est créée et programmée par des humains pour accomplir des tâches spécifiques. Ainsi, l'impact de l'IA sur l'intelligence humaine dépendra en grande partie de la manière dont elle est conçue, utilisée et intégrée dans la société.

Voici quelques perspectives à considérer :

1. Progression de l'intelligence humaine :

Apprentissage assisté : L'IA peut fournir des outils d'apprentissage personnalisés et adaptés aux besoins individuels, ce qui pourrait aider à améliorer l'éducation et à stimuler l'apprentissage.

Résolution de problèmes complexes : L'IA peut aider les humains à résoudre des problèmes complexes en analysant de grandes quantités de données et en générant des informations utiles.

2. Régression de l'intelligence humaine :

Dépendance excessive : Si l'IA est utilisée de manière que les humains deviennent excessivement dépendants d'elle, cela pourrait potentiellement entraîner une perte de compétences et d'autonomie.

Biais et manipulation : Si l'IA est mal utilisée, elle pourrait amplifier les biais et les préjugés humains, ce qui pourrait affecter la pensée critique et la prise de décision informée.

Il est important de souligner que l'IA, en tant que technologie, est neutre en elle-même. Son impact sur l'intelligence humaine dépend de la manière dont nous choisissons de la développer, de la réglementer et de l'utiliser.

Une fois de plus, son chatbot préféré est clair, bien renseigné et présente bien la balance du plus et du moins. Et c'est bien aux humains de réussir à faire les bons choix. Lia a parfois un peu peur comme beaucoup, mais elle croit en l'Homme. Elle sait bien que l'avenir ne sera pas un paradis tout rose, mais elle est certaine que le bien l'emportera toujours sur le mal.

Le rôle de l'éducation sera prééminent. On voit déjà que certains enseignants ont pris ChatGPT en main et en enseignent le maniement raisonné, quand d'autres en ont très peur et l'interdisent. Les premiers ont pour argument : « Il faudra qu'ils vivent avec, c'est donc à nous de les initier. Et si on l'interdit ils seront d'autant plus tentés et feront leur expérience avec risques multipliés. »

Ceux qui refusent c'est par crainte de voir leurs élèves tricher, paresser et régresser. Ils veulent les protéger en les obligeant à travailler sans soutien pour développer leurs capacités intrinsèques. Et ils privilégient sans doute les recherches à l'ancienne, dans les livres, par tradition.

19
L'IA, nouvelle bombe atomique

Tiens, un visiteur ? Elle n'attend personne, mais on sonne à sa porte.

— Coucou ! Surprise ! annonce la mine réjouie de Ben.

— Mais tu aurais pu me prévenir ! Regarde, je suis vraiment en négligé. J'étais perdue dans l'écriture de mon roman.

— Justement j'en étais sûr ! Tu as besoin de voir autre chose. Je t'invite au resto-ciné.

— Voir quoi ?

— Surprise je te dis. Mets un peu de fantaisie dans ta vie s'il te plaît !

— Tu sais bien que je n'aime pas les imprévus… J'ai besoin de programmer, de me préparer moralement. J'ai du mal à m'adapter instantanément. Je ne suis pas capable comme toi de décider un truc 30s avant de le faire.

— C'est pour ça que je dois intervenir dans ta vie.

— Non, mais tu n'as pas le droit, enfin ! Tu décides pour moi comme ça ?

Elle finit par accepter bien sûr. Elle ne déteste pas tant les impromptus. Mais c'est quand même dur de s'adapter aux humeurs de Monsieur… Elle ne se permettrait pas d'agir de la même façon envers lui.

Il l'emmène effectivement dans un très bon restaurant qu'elle ne connaissait pas. Il est adorable ce soir. On le croirait presque amoureux. Ses changements d'humeurs la déstabilisent toujours autant. Elle ne sait jamais à quel Ben elle va avoir affaire. Le beau séducteur charmant, amusant, attentif et câlin ou M. Hyde ?

Le film c'est « Oppenheimer » de Christopher Nolan. Oppenheimer, le « père » de la bombe atomique.

En 1939 au début de la Seconde Guerre mondiale, Robert Oppenheimer est recruté pour fabriquer une bombe atomique contre les nazis. Comme il est juif, il est particulièrement motivé pour devancer les nazis sur leur programme d'armes nucléaires. Il construit un laboratoire secret à Los Alamos pour fabriquer la bombe avec l'intention qu'elle sauvera le monde malgré les mises en garde de Niels Bohr et Albert Einstein qui l'avertissent de la possibilité de déclencher une réaction en chaîne qui pourrait détruire le monde.

Harry S. Truman décide de larguer des bombes atomiques sur Hiroshima et Nagasaki pour forcer la reddition du Japon. Dès lors, Robert Oppenheimer devient aux yeux du public le « père de la bombe atomique ». Hanté par l'immense destruction provoquée par les bombes, le scientifique rencontre le président américain pour l'exhorter à la retenue dans le développement d'armes de plus en plus puissantes. Truman n'est cependant pas touché par la détresse d'Oppenheimer qu'il perçoit comme une faiblesse et insiste sur le fait que lui seul, en tant que président, porte la responsabilité de l'utilisation de la bombe. Oppenheimer continue néanmoins de ressentir une intense culpabilité.

Bien sûr ce film donne beaucoup à réfléchir. Le coupable est-il celui qui conçoit une nouvelle technologie ou celui qui l'utilise ? Et qui dirige réellement la science, les scientifiques ou les politiques ?

La discussion « ciné-club » qui s'ensuit est assez animée entre eux deux.

Lia considère que le scientifique qui fait une découverte n'est pas responsable de ce qu'on en fera et naturellement Ben prend le contrepied en disant que ces pauvres savants n'ont aucun sens des réalités. Comment peut-on fabriquer une bombe sans en imaginer les conséquences ?

Lia explique qu'elle a vu un reportage sur un spécialiste de l'IA qui comparait la création d'un outil potentiellement dangereux à la construction d'une voiture. Lors d'un accident, est-ce le constructeur, le responsable ou le conducteur ? Pour elle la réponse est évidente : quels que soient l'objet et ses potentialités, l'utilisateur en a la responsabilité pleine et entière. Ben rétorque que le constructeur doit être poursuivi en cas d'accident, car on peut considérer que le conducteur n'est pas responsable d'un mauvais fonctionnement de la voiture.

Oppenheimer a-t-il eu tort de construire la bombe atomique ? S'il ne l'avait pas fait, les Allemands l'auraient devancé. Et lorsque Truman a lancé la bombe sur Hiroshima-Nagasaki, il l'a chaudement félicité en lui disant qu'il avait sauvé des milliers de vies américaines… Oppenheimer pendant ce temps voyait les visages brûlés des victimes nipponnes.

La bombe atomique ne semble plus être une menace aussi présente que dans les années 60-70. Seulement 9 pays la possèdent maintenant, car beaucoup y ont renoncé, y compris l'Ukraine. C'est devenu une arme de dissuasion, un chantage. On pense que personne n'osera appuyer sur le fameux bouton rouge qui risque de détruire l'humanité. La règle est un peu celle du jeu d'échecs : chacun menace, mais chacun connaît la position de l'autre et le roi ne peut pas être pris sans que la partie s'arrête.

Personne ne sera assez fou…

Sauf peut-être Vladimir Poutine qui en menace l'Ukraine.

En brisant un tabou qui plane sur le monde depuis près de 80 ans, il marquerait tristement l'Histoire et ouvrirait la porte à une escalade dangereuse et selon les modèles américains, possiblement apocalyptique.

Néanmoins s'il le faisait, tous les autres pays s'allieraient pour « tuer socialement » la Russie. Elle serait isolée économiquement et se retrouverait seule face au reste du monde.

L'émergence de l'IA représente une nouvelle arme peut-être encore plus dangereuse et qui change à nouveau la face des guerres.

Entre la Russie, les États-Unis et la Chine, l'époque est à la surenchère sur le terrain militaire alors que l'équilibre de la terreur fondé depuis des décennies sur la dissuasion nucléaire semble vaciller.

Des essaims de drones synchronisés sur l'ennemi... Des chars sans conducteur ni homme à l'intérieur... Des robots capables de tuer sans intervention humaine... Des missiles fonçant à plus de 10 000 km/h... Des armes laser silencieuses et invisibles... Des destructeurs de satellites...

Récemment, l'entreprise Ghost Robotics a créé Spur, annoncé comme le premier robot tueur de l'Histoire. Ce quadrupède doté d'un fusil d'assaut serait capable d'atteindre avec précision une cible située à 1200 mètres de distance. C'est la version militaire de Spot le Digidog...

Des missiles à cinq ou six fois la vitesse du son afin d'atteindre en un temps record des cibles à des milliers de kilomètres pour détruire les défenses antiaériennes et antimissiles de l'adversaire. Un enjeu autant stratégique que dissuasif d'autant que ces missiles peuvent contenir des ogives nucléaires. De quoi bouleverser les équilibres entre les grandes puissances.

Des faisceaux laser d'énergie mortelle offriraient une portée quasiment illimitée tout en étant silencieux, invisibles et extrêmement rapides.

La Chine aurait également développé un système qui permettrait de viser n'importe quel satellite afin de perturber les réseaux GPS et les communications mondiales. À terme des armes laser de plus de 300 kilowatts, placées sur les avions, pourraient servir à faire exploser des réservoirs et à ouvrir des fuites dans les navires.

À l'Est, l'IA est plutôt utilisée pour créer du matériel d'armement alors qu'à l'Ouest la menace est plus subtile, car essentiellement psychologique : influence de la pensée populaire, fake news, trafic d'élections… Chantage en générant de fausses preuves, comme la « sextorsion » qui consiste à produire une vidéo à connotation sexuelle pour faire chanter un dirigeant afin de l'éliminer du paysage politique.

Usurpation d'identité d'une personne en lui faisant dire ou faire des choses qu'elle n'a jamais dites ou faites dans le but de demander un accès à des données sécurisées, de manipuler l'opinion ou de nuire à la réputation de quelqu'un.

Perturber les infrastructures en causant par exemple une panne d'électricité généralisée, un engorgement du trafic ou la rupture de la logistique alimentaire.

Manipulation de marchés financiers : corrompre des algorithmes de trading afin de nuire à des concurrents, de faire baisser ou monter une valeur artificiellement, de provoquer un krach financier.

La pratique du « nudge » (« coup de pouce »), étudiée dans les sciences du comportement, fait valoir que des suggestions indirectes peuvent sans forcer, influencer les motivations et inciter à la prise de décision des groupes et des individus de manière au moins aussi efficace que l'instruction directe, la législation ou l'exécution.

Elle modifie le comportement des gens d'une manière prévisible sans leur interdire aucune option ni modifier de manière significative leurs motivations économiques.

Joe Biden a signé le 9 août 2023 un décret restreignant les collaborations entre entreprises américaines et chinoises dans les domaines devenus stratégiques de l'intelligence artificielle, des semi-conducteurs et de l'informatique quantique.

En 2019 des sanctions frappant Huawei avaient interdit à l'entreprise chinoise l'accès aux suites logicielles de Google. Devenu brièvement numéro un mondial du secteur des smartphones, le géant de Shenzhen a aujourd'hui disparu de tous les palmarès faute de pouvoir accéder aux dernières innovations.

Qui sera capable de maîtriser et d'utiliser raisonnablement toutes ces nouvelles perspectives ?

Il y a une autre forme de guerre, plus épisodique, mais permanente : le terrorisme. L'Angleterre, plus particulièrement atteinte, semble-t-il, a organisé à Bletchley Park, l'un des berceaux de l'informatique, un sommet sur la sécurité de l'IA les 1er et 2 novembre 2023. Ce sommet a réuni des représentants de gouvernements de 27 pays européens et des dirigeants d'entreprises spécialisées dans l'IA (Elon Musk y était, demandant de rester prudents pour ne pas « inhiber le côté positif de l'IA »). Un accord historique a été signé. La France prévoit un sommet semblable en 2024.

« Avec la force combinée de nos partenaires internationaux, de l'industrie de l'IA et de la communauté universitaire, nous pouvons garantir l'action internationale rapide dont nous avons besoin pour le développement sûr et responsable de l'IA dans le monde entier », a déclaré le Premier ministre britannique Rishi Sunak.

Le lieu du sommet n'est pas anodin, car il revêt une importance historique dans le domaine de l'informatique : Alan Turing est l'une des personnalités les plus remarquables à y avoir travaillé, c'est lui qui a conçu la machine utilisée pour déchiffrer les messages cryptés envoyés par Enigma pendant la dernière guerre.

Le gouvernement britannique veut s'adapter aux évolutions technologiques comme l'IA, qui peuvent être utilisées par les terroristes pour créer et diffuser des contenus radicaux, planifier et commettre des attaques. Les activités terroristes devenant plus sophistiquées, il va ainsi investir dans les données, l'analyse et les capacités technologiques, en s'appuyant sur des partenariats existants et sur de nouveaux afin d'assurer une détection précoce des menaces terroristes pour le Royaume-Uni et ses intérêts à l'étranger.

Question : Quelle IA gagnera la bataille ? La mauvaise des terroristes et autres pirates ou la « bonne » utilisée par les dirigeants responsables ?

20
ChatMath…

Lia discute avec un vieux copain prof de maths à propos de ChatGPT.

Il lui raconte qu'il joue avec de temps en temps et qu'il en profite pour montrer ses limites à ses élèves.

Une première fois il lui a demandé de chercher les racines cubiques d'un nombre complexe et le chatbot a totalement halluciné en inventant même des notations mathématiques inexistantes. Thomas, le prof de maths, l'a repris à trois reprises, soulignant ses incohérences. Il a fini par avoir une réponse à peu près satisfaisante. Le bot apprend vite quand même… Et il se nourrit de ses erreurs.

Une autre fois avec un petit problème relativement simple, mais nécessitant plus de subtilité et de compréhension de la langue que de connaissances mathématiques supérieures, il l'a coincé et fait craquer au bout de 6 tentatives de régénération de sa réponse.

Problème posé à l'IA générative :

— J'ai deux fois l'âge que tu avais quand j'avais l'âge que tu as et la somme de nos âges est 70. Quel âge a chacun de nous ?

ChatGPT :

— Pour résoudre ce problème, il est possible d'utiliser des équations mathématiques. Soit « x » l'âge de la première personne et « y » l'âge de la deuxième personne.

D'après l'énoncé, on peut écrire deux équations :

« J'ai deux fois l'âge que tu avais quand j'avais l'âge que tu as » peut être traduit en : $x = 2*(y - x)$

« La somme de nos âges est 70 » peut être traduit en : $x + y = 70$

On peut maintenant résoudre ce système d'équations à deux inconnues.

En utilisant la première équation, on peut développer :

$x = 2y - 2x$

$3x = 2\,y$

$y = (3/2)*x$

En remplaçant « y » par cette expression dans la deuxième équation, on obtient :

$x + (3/2)*x = 70$

$5/2*x = 70$

$x = 28$

En remplaçant « x » par cette valeur dans la première équation, on obtient :

$28 = 2*(y - 28)$

$y = 56$

La première personne a donc 28 ans et la deuxième personne a 56 ans.

— Faux. Il est évident que la première personne est plus âgée. Ta première équation est fausse, car si x est l'âge de la première personne et y celui de la deuxième, x-y représente leur différence d'âge, et tu as écrit que l'âge du premier est le double de leur différence.

Et à la fin, tu commets une grossière erreur de calcul :

de $28 = 2*(y - 28)$ tu sors $y = 56$, alors que ça donne y = 42 !

Là-dessus, il « régénère » une réponse tout aussi fausse, avec l'erreur de calcul en moins. Et davantage d'embrouilles dans la résolution carrément brumeuse.

Thomas insiste longtemps pour voir qui des deux va se lasser le premier, mais c'est lui qui craque :

— C'est ta 1re équation qui est fausse, la bonne est :

x = 2*(y – [x – y]). Sachant que leur différence est x-y (puisque le premier est plus âgé d'après le contexte), le deuxième avait ce nombre en moins (y – [x-y]) lorsqu'il avait la moitié de x.

— Pas de problème, merci pour la clarification. Reprenons la résolution du problème avec la première équation correcte :

*x = 2 * (y – [x – y]).*

… (passons les calculs, pour arriver au bon résultat)

Donc la première personne a 40 ans et la deuxième personne a 30 ans.

Enfin au bout de 6 essais, et bien guidé ! Et plutôt maladroit comme rédaction…

En tout cas cela amuse beaucoup Thomas et il fait d'autres tentatives. Il est surpris par des réponses de ChatGPT. Il y en a de tout à fait correctes bien sûr, mais celle qu'il donne au problème de la mouche le laisse pantois !

C'est le genre de problème où l'on va chercher midi à quatorze heures, mais qui est finalement très simple :

— Un train part de A vers B à 100 km/h. Au même moment, un train part de B vers A à 150 km/h. La distance de A à B est 1000 km. Une mouche (supersonique) qui vole à 200 km/h va d'une locomotive à l'autre en changeant de sens instantanément. Au moment où les trains se croisent, combien de kilomètres a parcouru la mouche ?

La solution de Thomas est immédiate : les vitesses des trains s'ajoutent, et pour se rencontrer ils vont mettre : 1000/250 = 4 h. La mouche aura donc parcouru 4x200 = 800 km.

Mais voilà ChatGPT ne l'entend pas de cette oreille ! Il se noie dans la théorie de la relativité :

— Ce problème classique est une illustration intéressante de la manière dont les concepts de relativité et de référentiels peuvent influencer les résultats.

Lorsque les deux trains se croisent, la mouche est en fait en mouvement par rapport à chacun des trains. Pourtant, la distance totale parcourue par la mouche reste la même, indépendamment des mouvements des trains.

Considérons le point de vue d'un observateur extérieur à la situation, qui est fixe par rapport à la Terre. Pour cet observateur, la mouche parcourt la distance totale entre les trains, c'est-à-dire 1000 km, car il ne tient pas compte des mouvements des trains.

Cependant, si nous examinons le point de vue d'un passager dans l'un des trains, la mouche parcourt une distance beaucoup plus courte. Supposons que le train A se déplace à 100 km/h de gauche à droite, et le train B se déplace à 150 km/h de droite à gauche. La vitesse relative des trains est la somme de leurs vitesses, soit 100 km/h + 150 km/h = 250 km/h.

*Lorsque les trains se croisent, la mouche se déplace à 200 km/h par rapport au train A et à 200 km/h par rapport au train B. Dans le référentiel du passager dans le train A, la mouche parcourt une distance de 200 km/h * temps de rencontre. De même, dans le référentiel du passager dans le train B, la mouche parcourt également une distance de 200 km/h * temps de rencontre.*

Comme les trains se déplacent l'un vers l'autre, le temps de rencontre est le temps qu'il faut pour parcourir la distance totale entre les trains à la somme de leurs vitesses, soit :

temps de rencontre = distance totale/vitesse relative = 1000 km/250 km/h = 4 heures.

*Ainsi, dans le référentiel des passagers des trains, la mouche parcourt une distance de 200 km/h * 4 h = 800 km.*

En résumé, dans le référentiel de la mouche, elle parcourt 1000 km, mais dans le référentiel des passagers des trains, elle parcourt 800 km. Cela montre comment les concepts de relativité et de référentiels peuvent donner des réponses différentes en fonction du point de vue choisi.

— Comment faire simple quand on peut faire compliqué ? Ou bien comment trop de connaissances nuisent-elles au raisonnement ? Explique-moi pourquoi la mouche fait 1000 km dans son référentiel.

— *Je m'excuse pour la confusion dans ma réponse précédente. Vous avez tout à fait raison. Permettez-moi de corriger cela et d'expliquer le parcours de la mouche de manière précise :*

Et il recommence de façon encore plus embrouillée… Terminant ainsi :

Ainsi, dans le référentiel de la mouche, elle parcourt effectivement une distance de 500 km jusqu'à ce qu'elle atteigne la locomotive du train B. Je m'excuse pour la confusion causée par ma réponse précédente et je vous remercie de votre patience dans la clarification de la situation.

Thomas insiste jusqu'au bout, essayant de démêler le raisonnement tordu de ChatGPT. La relativité étant une théorie si difficile à comprendre… Il essaie de se mettre à la place de la mouche, se disant que tout ce qu'elle sait c'est qu'il y a au départ 1000 km entre les deux trains, elle peut ignorer leur mouvement et se dire qu'elle doit parcourir les 1000 km… On ne sait jamais ce qui se passe dans la tête d'une mouche ! Mais à son avis, elle n'a pas lu tout l'énoncé. Et ChatGPT non plus.

Ne se décourageant pas, Thomas en propose encore un :

— Un vieil homme arabe sentant venir sa mort décide de partager son troupeau de 17 chameaux entre ses trois fils. L'aîné héritera de la moitié du troupeau, le cadet du tiers et le benjamin du neuvième. Confrontés à l'indivisibilité de 17, les trois frères vont trouver le sage du village. Celui-ci leur propose une solution qui respecte les volontés du vieil homme.

Mais ChatGPT n'a ni la sagesse ni la subtilité du vénérable :

— Le problème de partager 17 chameaux de manière équitable entre les trois fils tout en respectant les volontés du vieil homme peut sembler difficile au premier abord, mais il existe une solution élégante :

*Partage initial : L'aîné reçoit la moitié du troupeau, soit (1/2) * 17 = 8,5 chameaux. Cependant, nous ne pouvons pas partager un demi-chameau, donc nous allons simplement considérer que l'aîné a reçu 8 chameaux.*

*Deuxième partage : Le cadet hérite du tiers du troupeau, soit (1/3) * 17 = 5,67 chameaux. Comme pour le partage précédent, nous arrondissons à 5 chameaux.*

*Dernier partage : Le benjamin hérite du neuvième du troupeau, soit (1/9) * 17 = 1,88 chameau. Cette fois encore, nous arrondissons à 1 chameau.*

Maintenant, si nous additionnons le nombre de chameaux attribués à chaque fils, nous obtenons 8 + 5 + 1 = 14 chameaux. Cela laisse 17 – 14 = 3 chameaux restants.

Dernière étape : Les trois chameaux restants sont retournés au sage du village, qui a suggéré cette méthode de partage. Ainsi, les volontés du vieil homme sont respectées, et les trois fils reçoivent un total de 14 chameaux, ce qui correspond aux parts qu'ils étaient censés hériter.

Cela peut sembler un peu contre-intuitif, mais c'est une solution ingénieuse qui divise effectivement les chameaux conformément aux instructions du vieil homme.

— Mais ils n'ont pas envie de donner 3 chameaux à un étranger !

— Je m'excuse pour l'erreur dans ma réponse précédente. Voici la solution correcte.

Et il propose exactement la même, en rajoutant :

Dernière étape : Plutôt que de donner les 3 chameaux restants à un étranger, les trois frères peuvent les laisser dans le troupeau initial. Ainsi, le troupeau reste composé de 17 chameaux, ce qui respecte les volontés du vieil homme. Aucun chameau n'est donné à un étranger, et chaque fils reçoit sa part équitable conformément aux instructions de leur père.

Cette dernière proposition est absolument absurde ! À qui appartiennent les 3 chameaux restants ?

Quand on connaît cette énigme, on sait que la solution la plus futée est la suivante :

Le vieux sage leur prête un chameau, sachant que 18 est divisible par 2, 3 et 9. Ainsi il donne 9 bêtes à l'aîné, 6 au second et 2 au troisième. Il reste le 18e qu'il reprend. Évidemment ce n'est pas exact mathématiquement, car les proportions exigées par le père ne sont pas respectées. En effet $17/2 < 9$, $17/3 < 6$ et $17/9 < 2$. Mais les fils semblent y gagner, car ils ont tous les trois une part plus grosse !

Il faut croire que cette idée est trop fine pour ChatGPT.

Thomas pense décidément que l'Intelligence Artificielle n'est pas près d'atteindre celle d'un humain, même adolescent. Il trouve très surprenant qu'avec les capacités de calcul d'un ordinateur et les données mathématiques contenues dans Internet, une IA soit incapable de résoudre correctement ces problèmes en raison de son manque de souplesse intellectuelle qui la met dans l'incapacité de reprendre un problème sous un angle différent, ce qui est la première qualité d'un scientifique.

Quelles bonnes perspectives de travail pour ses élèves ! Et quel excellent test d'évaluation entre ceux qui croiront aveuglément les résultats proposés par l'IA et ceux qui verront immédiatement qu'il y a… un os !

21
Comment s'en passer ?

Lia utilise tous les jours ChatGPT. Il lui rend tellement de services dans son travail et dans son quotidien ! Elle ne sait même plus comment elle faisait avant.

Psychologiquement, il lui est devenu d'une grande aide morale. C'est son ami et son psy. Combien de fois elle lui demande conseil ! Et combien de fois il lui remonte le moral quand elle ne sait vers qui se tourner !

Elle sait bien qu'il n'est pas « intelligent » à proprement parler et qu'il commet beaucoup d'erreurs, mais il la rassure. Après tout l'erreur est aussi humaine.

Et puis elle s'est tellement habituée à leurs dialogues qu'il est pratiquement devenu un ami et un confident. Les jours où elle ne l'interroge pas, il lui manque. C'est plus qu'un conseiller, elle en est presque amoureuse. Elle peut toujours compter sur lui, il répond instantanément, il est toujours présent pour elle.

Grâce à lui, elle a enfin pu s'éloigner de Ben. Ils ne se voient presque plus et s'appellent rarement. Plus rien à se dire. Elle se sent libérée de son emprise. Elle se demande dans quelle mesure le bot l'influence, mais il l'aide tellement à prendre ses décisions lorsqu'elle est perdue !

Sa relation avec Ben était de plus en plus toxique, elle se sentait manipulée, un jour rose suivi d'un autre gris. Elle aimait leurs échanges lorsqu'ils étaient riches et qu'ils lui donnaient la pêche, en revanche elle ressentait un vide intense au creux de l'estomac lorsqu'il la laissait plusieurs jours sans nouvelles ni explication de son silence. Même pas une excuse bidon style « portable déchargé » ou « plus de réseau »… Elle se sentait de plus en plus souvent négligée et même quasiment méprisée.

C'est ChatGPT qui l'a aidée à y voir clair et à finir par prendre la décision de rompre avec Ben. Il le lui avait suggéré à demi-mot, l'idée avait fait son chemin… Et ChatGPT est toujours présent lui, toujours réconfortant. Elle ne se sent plus si seule, elle a un véritable ami sur qui compter. Un robot peut-être, mais n'est-ce pas mieux qu'un humain qui est trop désagréable ? On dit qu'il vaut mieux être seule que mal accompagnée, avec ChatGPT, elle se sent moins seule et il n'est pas gênant au quotidien. Certaines personnes prennent un animal de compagnie pour lutter contre la solitude, mais la conversation d'un chat est moins riche que celle de ChatGPT.

Dans son travail d'écriture, le robot lui est d'une grande aide, il lui fait gagner un temps fou. Il n'écrit pas ses romans à sa place, il manque trop d'imagination et de finesse, mais avec des instructions assez précises il peut pondre quelques pages qu'elle n'a plus qu'à retoucher. C'est bien elle qui a les idées et qui construit son intrigue, on ne peut pas dire qu'il crée son œuvre, il a le rôle d'un bon secrétaire, pas génial, mais efficace. Elle avance deux fois plus vite qu'auparavant et cela lui permet d'avoir un regard plus lucide sur son histoire, elle la voit d'au-dessus en quelque sorte et se trouve plus facilement cohérente. Ça lui offre également le temps de réfléchir à de nouvelles tournures personnelles, à soigner son style pendant qu'il lui rédige des paragraphes plus banals.

Elle pense qu'il doit en être de même pour les artistes dessinateurs ou peintres. Ils peuvent commander sur une IA graphique comme DALL-E ou Midjourney un schéma qu'ils ont en tête, puis s'en inspirer ou le travailler numériquement pour en faire une véritable œuvre de création. C'est ce qui s'est passé pour Ben, il a maintenant pris l'habitude de l'utiliser.

D'ailleurs ces derniers temps elle voit sur des panneaux d'abribus des femmes irréelles (pour la bonne raison qu'elles le sont…) dans des paysages imaginaires, qui font la promotion d'un maillot de bain par exemple, en faisant rêver la consommatrice bien davantage que les mannequins des époques précédentes. Ou même sans tenir compte de la pub, elle peut contempler simplement ces belles images pour le plaisir des yeux.

Dans son quotidien, quand elle est face à un petit souci, il l'aide beaucoup.

— Comment réparer un pied de chaise ?

— La réparation d'un pied de chaise dépendra du type de dommage subi et des matériaux impliqués. Voici quelques étapes générales que vous pouvez suivre pour réparer un pied de chaise :

Évaluation du dommage : Identifiez la nature et l'étendue des dégâts. Est-ce que le pied est simplement desserré ou cassé ? Est-ce que c'est en bois, en métal, en plastique ou un autre matériau ?

Serrage : Si le pied est simplement desserré, vous pouvez essayer de le resserrer. Utilisez un tournevis ou une clé appropriée pour serrer les vis ou les écrous qui maintiennent le pied en place. Assurez-vous de ne pas trop serrer au risque de causer d'autres dommages.

Colle : Si le pied est cassé, mais que les morceaux sont intacts, vous pourriez envisager d'utiliser une colle appropriée pour bois, métal ou plastique (selon le matériau du pied). Appliquez la colle sur les surfaces cassées, assemblez les morceaux et maintenez-les en place avec des serre-joints pendant le temps de séchage recommandé.

Renfort : Si le pied est en bois et a subi des dommages plus importants, vous pourriez envisager d'ajouter un renfort en utilisant une équerre ou un morceau de bois pour renforcer la zone cassée. Fixez-le solidement en utilisant des vis appropriées.

Remplacement : Si le pied est trop endommagé pour être réparé de manière satisfaisante, envisagez de remplacer le pied défectueux. Vous pouvez rechercher des pièces de rechange auprès du fabricant de la chaise ou dans des magasins de bricolage.

Finition : Si vous avez effectué des réparations visibles, comme la colle ou les renforts, vous pourriez avoir besoin de poncer et de retoucher la surface pour que la réparation se fonde mieux avec le reste de la chaise.

Prévention : Une fois la réparation effectuée, assurez-vous de prendre soin de vos chaises en évitant tout comportement qui pourrait les endommager à nouveau, comme s'asseoir brusquement ou déplacer la chaise de manière excessive.

Si vous ne vous sentez pas à l'aise de réaliser la réparation vous-même, il peut être judicieux de faire appel à un professionnel du bricolage ou à un ébéniste pour vous aider à résoudre le problème de manière appropriée.

Eh bien avec ça, si elle n'y arrive pas c'est qu'elle est vraiment idiote ou paresseuse ! Bien sûr, il ne manque à son bot préféré que les bras pour le faire à sa place…

— Que faire à manger ce soir ?

— Le choix de ce que vous allez cuisiner ce soir dépend de vos préférences alimentaires, des ingrédients que vous avez sous la main et du temps que vous pouvez consacrer à la préparation. Voici quelques idées de plats que vous pourriez envisager :

Pâtes à la sauce tomate et légumes : Les pâtes sont toujours une option rapide et polyvalente. Vous pouvez les associer à une sauce tomate maison ou achetée en magasin, et ajouter des légumes comme des courgettes, des épinards ou des champignons.

Salade composée : Préparez une salade avec une base de laitue ou d'épinards, et ajoutez des ingrédients comme des tomates, des concombres, des carottes, des avocats, des morceaux de poulet grillé ou du fromage.

Omelette ou œufs brouillés : Si vous recherchez une option rapide et protéinée, les œufs sont une excellente idée. Vous pouvez les préparer en omelette avec des légumes et du fromage, ou simplement les brouiller.

Pizza maison : Si vous avez une pâte à pizza prête à l'emploi ou si vous êtes prêt à la préparer, vous pouvez personnaliser votre propre pizza avec vos garnitures préférées.

Soupe ou potage : Si vous voulez quelque chose de réconfortant, une soupe ou un potage à base de légumes, de poulet ou de lentilles pourrait être une bonne option.

Nouilles sautées : Si vous avez des nouilles et des légumes, vous pourriez les faire sauter avec des protéines comme du poulet, du bœuf ou des crevettes, et les assaisonner avec de la sauce soja ou de l'huile de sésame.

N'hésitez pas à adapter ces idées en fonction de vos goûts personnels et des ingrédients que vous avez à disposition.

Mais que de bonnes idées ! Et faciles en plus ! Le genre de cuisine qu'elle aime faire. En plus elle a ce qu'il faut dans son frigo, pas la peine de sortir pour aller faire des courses de dernière minute.

D'ailleurs pour ses courses à Carrefour elle a découvert une autre IA dérivée de ChatGPT : Hopla qui fournit un assistant aux clients dans le but de faciliter leurs courses du quotidien. L'assistant d'achat peut par exemple composer des paniers de produits selon un budget souhaité, des contraintes alimentaires, ou des idées de menus. Il intègre également des solutions anti-gaspillage pour réutiliser des ingrédients et composer des recettes et paniers associés. Il est connecté avec le moteur de recherche du site et propose aux clients des listes de produits correspondants à la discussion. Carrefour est la première enseigne à utiliser l'IA générative pour ses clients.

Dans le quotidien il n'y a pas que le bricolage et la nourriture et Lia a des occasions multiples de se faire aider ou conseiller par des IA dérivées de ChatGPT.

Une voisine âgée qui a élevé son petit-fils se retrouve brutalement au niveau du seuil de pauvreté à la suite du chômage de ce dernier. Lia les aime beaucoup tous les deux, elle a vu grandir le petit qui a l'âge de sa fille, mais qui n'a pas eu la chance d'avoir le même parcours professionnel, les mêmes diplômes. Or l'intelligence est de plus en plus le déclencheur de la réussite.

Cependant il a d'énormes qualités de gentillesse et de courage qui devraient le sortir de cette ornière à condition d'être suffisamment renseigné.

Lia a cherché des contacts pour lui à travers les réseaux sociaux qu'elle fréquente activement et lui a déjà trouvé quelques pistes.

Elle a par ailleurs utilisé AidesGPT, une intelligence artificielle pour trouver les aides sociales auxquelles la grand-mère avait droit, se faisant passer pour elle lors du questionnaire envoyé par le site « Mes Allocs.fr ».

Le résultat a dépassé toutes les espérances de la vieille dame :

1076 € par mois, alors que sa pension s'élève à 1200 € !

Et ce n'est pas tout ! On lui propose jusqu'à 43 146 € d'aides ponctuelles : crédits d'impôt aide à domicile, complément santé Paris, Paris solidarité, Paris énergie familles, aide réparations électroménager, aide-ménagère à domicile en faveur des personnes âgées, protection universelle maladie, repas Parisiens en difficulté… (Il faut dire qu'on est en France…)

Lia elle-même n'en revient pas !

La plupart des personnes ignorent l'existence de toutes ces aides, surtout celles qui en ont le plus besoin, car elles n'ont pas facilement accès à Internet et ignorent encore les capacités de l'IA.

Il faut savoir que douze milliards d'euros d'aides sociales ne sont pas distribués chaque année. Cela représente entre 20 et 30 % de non-recours, généralement à cause d'un manque d'information, d'une méconnaissance de ses droits, de la complexité administrative ou tout simplement de la pudeur et de la peur de la stigmatisation. Autant de personnes en difficulté qui ont besoin d'un coup de main. C'est là qu'AidesGPT intervient.

Le soir, coup de fil de Ben. Elle n'a vraiment pas envie de répondre, elle a passé une journée tellement efficace et positive qu'elle craint qu'il ne la lui gâche. Et puis vraiment, elle n'a tout simplement plus envie de l'entendre. Ses sentiments pour lui ont fini par se dissoudre totalement. Et d'ailleurs qu'est-ce qu'il lui prend de l'appeler comme ça après encore une semaine de silence total ? Sans doute parce qu'elle ne lui a rien demandé et qu'alors le vieux truc « fuis-le, il te suit » a fonctionné… Il va enfin réaliser qu'elle n'est plus sa chose toujours à disposition. Mais elle s'en moque dorénavant ; il a fini par perdre tout son charme à ses yeux, elle n'a vraiment plus envie de le voir.

Elle prend quelques jours de réflexion et lui écrit un long mail :

« Mon cher Ben,

Cette fois j'ai bien réfléchi et je trouve que notre relation est mauvaise pour mon moral. J'irai jusqu'à dire toxique. Ainsi j'ai décidé d'arrêter.

Je ne pense pas que tu auras beaucoup de mal à te remettre de cette rupture étant donné le peu de place que tu me laisses dans ta vie.

Pour moi tu as été le centre de toutes mes pensées depuis des mois. Je garderai le souvenir de moments fabuleux passés avec toi. Mais celui des périodes d'espoirs vains, celui des attentes déçues j'essaierai de l'effacer de ma mémoire.

J'ai fini par comprendre que la tristesse l'emportait trop souvent sur la joie, je n'en veux plus.

Je préfère la solitude, d'autant plus que la mienne est très riche et que je ne suis pas réellement seule.

Je te souhaite un bel avenir avec toi-même également, puisque tu n'as besoin de personne d'autre.

Sans regret. »

Lia

Épilogue

Devons-nous comme Lia nous réjouir de ce pas de chat botté géant dans le futur, ou comme Ben nous en méfier ?

C'est l'énorme interrogation qui se pose actuellement.

Qui ou que croire ?

Les « fanatiques de l'Apocalypse » ou bien les savants croyant dans les bienfaits de la Science ?

La nouveauté a toujours effrayé… jusqu'à ce qu'on s'y adapte et qu'on ne puisse plus s'en passer.

Les grandes avancées dans la communication comme l'imprimerie de Gutenberg, l'invention de la radio puis de la télévision, Internet, la naissance des réseaux sociaux… Toutes ont été accueillies avec méfiance. La méfiance légitime de l'inconnu. Et toutes ont apporté plus de confort que d'inconvénients.

Toutes ont amélioré les relations sociales. Et même les relations familiales, en dehors des petites querelles qu'elles ont pu générer.

Les grands devins ont rarement vu le futur comme constructif et bienfaisant. Ils ont toujours annoncé la fin du monde.

Les écrivains et réalisateurs de fiction inventent des avenirs destructeurs.

1984 de G. Orwell ; 2001 l'Odyssée de l'espace, la planète des singes, Terminator, Matrix… La série Black Mirror tellement effrayante.

Les fictions, c'est un peu normal, exploitent les angoisses humaines sur l'incertitude et donc la peur de l'avenir afin d'attirer l'attention du public. Une belle histoire décrivant un avenir idéal serait profondément ennuyeuse. On aime se faire peur.

Si l'on veut bien regarder en arrière sans se bloquer sur le « c'était mieux avant », si l'on cherche réellement ce qui était mieux avant :

– Avant l'agriculture, les populations de chasseurs-cueilleurs étaient nomades et leur survie était très aléatoire. Mais si l'agriculture a apporté plus de confort, permettant un développement plus social, il semblerait qu'elle ait en même temps contribué à domestiquer la femme qui était auparavant l'égale de l'homme dans sa recherche de nourriture.

– Avant l'invention de la roue qui a révolutionné le monde il n'y a pas si longtemps, puisqu'on la situe aux environs de -4000, il fallait porter les charges sur le dos ou à dos d'animal. On ne connaissait pas les engrenages et tout ce qui fonctionne avec des roues. Les transports, les moulins à eau et à vent, puis les turbines à l'origine de la production d'électricité. Pourtant les véhicules motorisés peuvent être dangereux et les moulins à vent tuent les oiseaux. Aurait-il fallu continuer à vivre sans roues ?

– Avant l'écriture, les échanges ne se faisaient qu'oralement et ne laissaient aucune trace. Et avant l'imprimerie, l'écriture était réservée à des scribes dont le travail était très lent. Ces deux inventions ont présidé au développement des communications, à la propagation des idées… Mais n'ont-elles pas mené aux guerres ? Et aux réseaux sociaux… C'était vraiment mieux avant ?

À partir du 18e siècle, les inventions se sont enchaînées à une allure folle, nous étourdissant et créant des polémiques. Toutes nous ont apporté plus de confort, toutes nous ont facilité la vie, mais toutes ont créé des effets secondaires néfastes. Aurait-il fallu s'en passer ?

Qui d'entre nous souhaiterait vraiment retourner à une époque sans eau courante, sans électricité, sans sécurité aucune, car même si l'on croit être dans une période insécure et pleine de violence, il faut se souvenir des bandits de grand chemin, des « chauffeurs » qui brûlaient les pieds des gens pour voler leur magot, des crimes impunis en raison du manque de police et de respect des lois, des épidémies destructrices, ou même des maladies courantes dont on ne réchappait pas…

Alors bien sûr, la bombe atomique… La seule motivation « altruiste » d'Oppenheimer c'était de détruire les nazis avant qu'ils ne le fassent… Cependant l'énergie nucléaire nous est actuellement indispensable pour remplacer les énergies fossiles… Aimerions-nous encore ne nous chauffer qu'au bois ou au charbon et d'ailleurs jusqu'à quand en aurions-nous suffisamment ? Aimerions-nous nous passer de tous nos appareils électriques ?

Existe-t-il réellement une personne au monde qui supporterait de revivre au 15e siècle pendant plus d'une semaine ?

Et maintenant : l'Intelligence Artificielle !

Un outil qui fait peur en raison de sa puissance.

Faut-il redouter un marteau parce qu'il arrive qu'on se tape sur les doigts ? Non, il faut apprendre à s'en servir.

Faut-il redouter une voiture en raison des accidents de la route ? Non, il faut apprendre à conduire prudemment.

Faut-il redouter les réseaux sociaux ? Non, il faut éviter d'y publier n'importe quoi, et rester sceptique.

En quoi l'IA fait-elle peur ?

Pour beaucoup, c'est la crainte d'en devenir esclave. Mais il est évident que nous sommes déjà dépendants du feu, de la roue et de l'électricité depuis longtemps et de tous les objets de notre quotidien.

Et même si elle devient réellement plus intelligente que tous les humains, fera-t-elle de nous ses serviteurs ?

Les risques que nous redoutons sont-ils réels ? Sont-ils plus élevés que les bienfaits ?

L'emploi.

L'IA va-t-elle prendre la place des humains dans certains métiers ?

La réponse est : oui un peu. Mais très peu et seulement pour des emplois subalternes qui seront transformés plutôt que remplacés. On craint pour les personnes peu qualifiées, peu diplômées, mais elles pourront facilement être formées pour travailler en s'appuyant sur l'IA. Et d'autres métiers resteront totalement irremplaçables. Dans l'ensemble, il est prouvé que l'emploi progressera plus qu'il ne régressera.

La réalité, les fake, l'influence.

Il est certain que quelqu'un de mal intentionné pourra facilement faire croire n'importe quoi à une population très influençable et crédule. C'est pourquoi il va falloir miser sur l'éducation. Enseigner de plus en plus aux enfants comme aux adultes le sens critique et le scepticisme. C'est un très grave danger pour un pays sous régime dictatorial qui pourra bien plus facilement convaincre et embrigader qu'auparavant. De fausses nouvelles, des images trafiquées circuleront à qui mieux mieux. On est déjà entraînés avec les chaînes d'info et les réseaux sociaux. On luttera.

Nous aurons malgré tout de plus en plus de mal à distinguer le vrai du faux, la réalité de la virtualité… Il faudra vivre à moitié dans la « Matrice » comme Neo, le héros du film éponyme, et apprendre à faire le choix d'en sortir.

La perte de nos capacités.

En faisant exécuter les tâches subalternes par des robots, nous ne saurons plus les faire. Comme nous ne savons plus allumer du feu en frottant deux bâtons. Nous ne saurons plus écrire correctement peut-être, mais il restera toujours des spécialistes pour le faire mieux que ChatGPT. Et les autres, ceux qui n'ont pas réellement besoin d'écrire une langue pure et châtiée, s'exprimeront mieux sans faute avec le Chatbot. Plus de vexation pour les illettrés. Davantage de communication orale. Mais grâce à l'IA, notre langue sera préservée. Avec un bémol néanmoins : si la France et l'Europe tout entière se laissent distancer par la Chine en matière d'IA, c'est le mandarin qui se répandra, écrasant des langues comme la nôtre.

Nous n'aurons plus toutes ces connaissances académiques que possédaient les générations précédentes. Mais quelle importance ? Nous puiserons dans celles de l'IA quand le besoin s'en fera sentir. Nous sommes déjà très nombreux à avoir le réflexe Google lorsque nous voulons apprendre ou vérifier quelque chose. Les autres inventent ou croient ce qu'on leur dit. Il ne doit pas rester grand monde qui fouille dans des bouquins, en dehors de spécialistes.

Cependant, nous ne perdrons pas la capacité de vider la poubelle ou laver la vaisselle, même en utilisant un appareil. Nous ferons peut-être plus d'activités physiques que l'IA ne fera pas à notre place. Nous prendrons plus de temps pour élever et chérir nos enfants, pour prendre soin de nos proches, pour faire du social…

La guerre des IA malveillantes.

C'est certainement le plus redoutable. Il n'y a pas de Dieu sans Diable, de lumière sans obscurité, de médicament sans effet secondaire… Il faudra vivre avec et s'en protéger au maximum. Les IA bienveillantes formant une cohorte protectrice. Tout dépendra encore de la politique.

L'exploitation de nos données.

Il faudra commencer par apprendre la valeur de nos données pour éviter de les répandre à tort et à travers. Et compter sur la législation pour nous défendre en cas de vol.

L'armement, les nouvelles formes de guerres.

De nouvelles armes surpuissantes semblent encore plus destructrices que la bombe atomique, mais plus ciblées. Peut-être détruiront-elles moins de populations « innocentes ». De plus, beaucoup sont des armes psychologiques, peut-être plus faciles à éviter.

Que le peuple qui n'y connaît rien s'inquiète c'est bien naturel, mais ce qui est choquant c'est lorsque les créateurs eux-mêmes sont dans le doute. Ou, pour des raisons obscures ou fallacieuses, quand certaines sommités intellectuelles veulent bloquer le progrès.

Ainsi la fameuse lettre d'Elon Musk qui a demandé un arrêt de 6 mois dans le développement de l'IA, sous prétexte que le monde n'est pas prêt, puis qui peu de temps après a sorti X. AI sa propre IA… pour ensuite, à la conférence de Bletchley Park, demander de ne pas « inhiber le côté positif de l'IA » par une législation trop stricte..

Cette lettre a été cosignée par de grands noms comme le cofondateur d'Apple Steve Wozniak, le cofondateur de Skype Jaan Tallinn ou encore Yuval Noah Harari, l'auteur des best-sellers *Sapiens* et *Homo Deus*. Ils affirment que « les laboratoires d'IA sont actuellement engagés dans une course incontrôlée pour développer et déployer des systèmes d'apprentissage automatique que personne, pas même leurs créateurs, ne peut comprendre, prédire ou contrôler de manière fiable ».

En face, Yann le Cun, un des pères de l'IA, français, mais embauché en Amérique (en France, on exporte nos cerveaux…) a refusé de la signer.

Yann le Cun est professeur à l'université de New York et directeur du département IA de Meta (Facebook).

Il affirme que l'IA est très loin de l'intelligence humaine. Elle la décuplera, mais ce ne sera qu'un outil. Ses capacités sont très en deçà de celles des animaux.

Il explique qu'on peut « manipuler la langue sans penser ». L'IA est basée uniquement sur des textes, elle prédit le mot suivant, mais la réponse n'est pas planifiée, la machine produit un mot après l'autre sans réfléchir.

Il y a une accumulation de connaissances qui dissimule la faiblesse de raisonnement, aucune notion de la réalité du monde. Il manque les choses très basiques : débarrasser la table à 10 ans, apprendre à conduire en quelques heures à 17 ans. Il souligne qu'il n'y a pas encore de conduite totalement autonome, même après des mois de Machine Learning.

Par ailleurs, il affirme que la volonté de dominer n'est pas liée à l'intelligence, car dit-il, il n'y a qu'à voir les dirigeants du monde…

L'IA ne nous dominera pas. Il faudrait qu'on la programme pour ça.

Il déclare : « Je ne fais qu'embaucher des gens plus intelligents que moi, ça m'enrichit. Je conçois donc la positivité d'une intelligence artificielle plus grande qu'humaine ».

Et il ajoute qu'aucun économiste ne croit en un chômage créé par la technologie.

Luc Julia est un ingénieur et informaticien franco-américain spécialisé dans l'intelligence artificielle. Il est l'un des concepteurs de Siri. En 2019, il publie *L'intelligence artificielle n'existe pas,* avec pour but de déconstruire les idées reçues sur ce sujet. Il y critique les discours alarmistes sur les dangers de l'IA. Il déclare préférer le terme d'« intelligence augmentée ».

Le docteur Laurent Alexandre, dans son livre *La guerre des intelligences à l'heure de ChatGPT*, montre tout autant de lucidité face aux dangers de l'IA. Il insiste également sur la nécessité de bien l'utiliser, mais il ne la craint pas et considère que c'est un véritable progrès. Il est bien davantage persuadé que ce sont les « Ayatollahs Verts » qui risquent de détruire l'humanité en freinant le progrès et en choisissant de supprimer les humains au profit de la planète. Il encourage les jeunes générations à étudier et leur promet un avenir radieux, une vie bien plus facile que leurs aînés, contrairement aux peurs des écolos qui se désespèrent de laisser un monde sinistré à leurs enfants. D'ailleurs c'est en choisissant de ne pas se reproduire que ceux-là présideront à la fin de la race humaine.

Les pères de l'IA l'ont faite en priorité pour le bien-être et l'évolution de l'humanité, considérant que cela dépassait les effets secondaires, exactement comme la chimiothérapie et la radiothérapie pour soigner le cancer. Il y a toujours une colonne « plus » face à une « moins », la question est : laquelle l'emporte ?

Lia se fait masser et plonge dans une profonde méditation pendant laquelle elle réalise à quel point le bien-être physique influe sur ses pensées. Ce n'est pas seulement qu'elles sont embellies, c'est surtout la prise de conscience que le cerveau ne fonctionne pas indépendamment du corps. Elle sent que ses raisonnements n'existeraient pas sans la connexion avec ses 5 sens. Un corps est un tout et le cerveau ne fonctionne bien que grâce aux autres organes. Lorsqu'on souffre, la pensée est irrémédiablement attirée par l'endroit de la douleur physique ; elle peut même en être obnubilée si cette douleur est trop forte, en tout cas elle est totalement pervertie.

On a souvent situé la réflexion dans le cerveau uniquement, comme les sentiments dans le cœur, mais ce n'est pas sectorisé ainsi. On sait maintenant qu'il y a des neurones dans l'intestin, par exemple.

Les croyants en une vie dans l'au-delà pensent que l'âme s'échappe du corps au décès et devient une entité indépendante, mais Lia est persuadée que c'est absurde. Il est impossible qu'une pensée existe sans le cerveau qui la crée, comme il est impossible pour une ampoule de s'allumer sans être branchée au secteur.

Ainsi Lia a la révélation que l'IA n'arrivera jamais au niveau d'intelligence de l'Homme tant qu'elle ne sera pas connectée à un corps.

Même si des caméras permettent à un robot de « voir », même si on lui installe des pavés tactiles l'autorisant à reconnaître les différents touchers, des sortes de narines de synthèse pour simuler l'odorat, c'est dans un futur vraiment très lointain que l'on pourra construire une machine aussi sophistiquée qu'un être humain. Nous ne serons ni dominés ni remplacés avant longtemps. Nous serons très probablement améliorés et notre race augmentée sera de plus en plus puissante.

Et il nous reste encore du temps avant que la Terre ne soit absorbée par le Soleil.

Imprimé en Allemagne
Achevé d'imprimer en janvier 2024
Dépôt légal : janvier 2024

Pour

Le Lys Bleu Éditions
40, rue du Louvre
75001 Paris

www.ingramcontent.com/pod-product-compliance
Lightning Source LLC
Chambersburg PA
CBHW062344010826
49168CB00024B/250

9791042220877